T0110096

عِلْمُ الدِّلالة

(عِلْمُ المَعْنى)

الدكتور محمد علي الخولي

الناشر

دار الفلاح للنشر والتوزيع

ص .ب ٨١٨

صويلح ١١٩١٠

الأردن

هاتف وفاكس ٥٤١١٥٤٧ – ٠٠٩٦٢٦

١

الطبعة الأولى ٢٠٠١م

الناشر: دار الفلاح للنشر والتوزيع
ص.ب ٨١٨
صويلح ١١٩١٠
الأردن
هاتف وفاكس ٠٠٩٦٢٦-٥٤١١٥٤٧

رقم الإيداع لدى دائرة المكتبة الوطنية
(٢٠٠٠/١٢/٣١٦٨)

٤١٤

الخولي، محمد علي

علم الدلالة: علم المعنى/ محمد علي الخولي. عمان : دار الفلاح للنشر والتوزيع، ٢٠٠٠

(٢٥٤) ص

ر.أ (٢٠٠٠/١٢/٣١٦٨)

الواصفات/ اللغة العربية / المغاني

● تم إعداد بيانات الفهرسة والتصنيف الأولية من قبل دائرة المكتبة الوطنية.

رقم الإجازة المتسلسل لدى دائرة المطبوعات والنشر ٢٠٠٠/١٢/٢٨

(ردمك ISBN ٩٩٥٧-٤٠١-٢٩-١)

بسم الله الرحمن الرحيم

المحتويات

٣

5

الجداول

الأشكال

بسم الله الرحمن الرحيم

مقدمة

علم الدلالة هو أحد فروح علم اللغة أو اللغويات أو اللسانيات . وهو من أهم هذه الفروع وأعقدها وأمتعها في آن واحد . فهو هام لأنه يبحث في المعنى الذي هو الوظيفة الرئيسة للغة . وهو معقد لأنه يبحث في أمور مجردة متشعبة ذات طبيعة فلسفية نفسية . وهو ممتع لأن اقتحامه ، على ما فيه تعقيد ، يعطي الباحث متعة ذهنية راقية .

ولقد جاء هذا الكتاب يتناول علم الدلالة (علم المعنى) بطريقة غير تقليدية نوعاً ما . ويتكون الكتاب من تسعة فصول . الفصل الأول تمهيد يعطي أهم المفاهيم المتعلقة بعلم الدلالة . والفصل الثاني يركز على مفهوم الدلالة ، والفصل الثالث يركز على مفهوم المعنى والفرق بين هذين المفهومين .

أما الفصل الرابع فإنه يتناول التشابه بين المعاني من ترادف وتناظر وانضواء واستلزام . والفصل الخامس يوازن الفصل الرابع إذ إنه يركز على الاختلاف بين المعاني من تضاد وتنافر وتناقض .

والفصل السادس يعالج غموض المعنى (أي تعدد المعنى) للكلمة والجملة وأنواع الغموض وأسبابه وتفسيره . والفصل السابع يعالج الحقول

الدلالية من حيث طبيعتها وأنواعها ومحتوياتها وتطبيقاتها .

والفصل الثامن يعالج تحليل المعنى إلى السمات الدلالية ذات العلاقة وأنواع هـذه السمات وقوانينها واستخدامها لتفسير الترادف والتضاد . والفصل التاسع يبحث في العلاقة بين المعنى والمنطق ، بين المعنى والتفكير .

وفي نهاية كل فصل تمارين وافية متبوعة بمفتاح للإجابات . وفي نهاية الكتاب ملحق بالرموز المستخدمة في الكتاب ومسرد عربي إنجليزي للمصطلحات وكشّاف للموضوعات وكشف بالمراجع الإضافية لمن شاء الاستزادة والتوسع .

آمل أن يكون هذا الكتاب مفيداً للمهتمين بالعلوم اللغوية مـن الباحثين . كما أن الكتاب روعي في تصميمه وطريقة عرضه وتمارينه أن يكون صالحاً لطلاب الجامعة الذين يدرسون علم الدلالة أو علم المعنى .

وأسأل الله العون والتوفيق .

المؤلف

د . محمد علي الخولي

الفصل الأول

تمهيد

إن علم الدلالة ، كما يدل عليه اسمه ، هو علم يبحث في معاني الكلمات والجمل ، أي في معنى اللغة . ولعلم الدلالة اسم آخر شائع هو "علم المعنى" . لاحظ أن المرادف لعلم الدلالة هو علم المعنى ، وليس علم المعاني ، لأن علم المعاني فرع من فروع علم البلاغة .

علم الدلالة هو أحد فروع علم اللغة ، وعلم اللغة (أي اللغويات أو اللسانيات كما يدعوه البعض) ينقسم إلى فرعين رئيسيين هما علم اللغة النظري وعلم اللغة التطبيقي . **علم اللغة النظري** يشمل علم النحو وعلم الصرف وعلم الأصوات (أو الصوتيات) وعلم تاريخ اللغة وعلم الدلالة . أما **علم اللغة التطبيقي** فيشمل تعليم اللغات والاختبارات اللغوية وعلم المعاجم والترجمة وعلم اللغة النفسي وعلم اللغة الاجتماعي .

مثلث المعنى :

الكلمة نسمعها أو نقرؤها؛ لذلك للكلمة شكلان : شكل مسموع يتكون من أصوات أو فونيمات نسمعها عن طريق الأذن ، وشكل مرئي أو مقروء

يتكون من حروف نبصرها عن طريق العين . تلك هي الكلمة . وللكلمة معنى موجـود في أذهاننا . وللكلمة مشار إليه أو مدلول عليه ، وهو كائن موجود في العالم من حولنا . هـذا الكائن قد يكون شخصاً أو حيواناً أو شيئاً .

إذاً ، هناك ثلاثة مفاهيم هي : **الكلمة والمعنى والمدلول عليه** . هذه المفاهيم الثلاثة متباينة عن بعضها البعض ، ولكنها متصلة ببعضها البعض . أسبقها إلى الوجود هو بالطبع المدلول عليه أي المشار إلهي ، فالشيء سابق في الوجود على الكلمة . ثم تأتي الكلمة لتشير إلى الشيء . وفي الوقت ذاته ، يرتبط بالكلمة معناها الدالّ على المشار إليه .

وعندما نتحدث في علم الدلالة عن المعنى ، فإننا لا نقصد معنى الكلمة فقط ، بل معنى الجملة أيضاً . ذلك لأننا عندما نستخدم اللغة في وقاع الحال بغرض الاتصال ، فإن استخدامنا للجمل في الاتصال ، لاشك ، أشيع من استخدامنا لكلمات منفصـلة . وفي كـلا الحـالين ، إن الهدف الرئيس للغة هو نقل المعاني من المتكلم إلى السامع أو من الكاتب إلى القارئ . إن علم الدلالة أو علم المعنى يتناول معاني الكلمات ومعاني الجمل على حد سواء .

أنواع المعاني :

لنفترض أن موظفاً أخطأ في أداء عمله خطأ جسيماً أغضب رئيسه . فقال له الـرئيس : "لقد قمت بعمل بارع حقاً . " لم يشأ الرئيس أن يقول للموظف إنه قـام بعمـل سيء للغاية ، بل وصف عمله بالبراعة . هل كان

الرئيس يقصد ما يقول أم كان يقول شيئاً ويقصد شيئاً آخر ؟ بالطبع ، ما قاله الرئيس له معنى يختلف عما قصده .

إذاً ، هناك عدة أنواع من المعاني ، منها ما يلي :

١ . معنى الجملة : وهو المعنى الذي تدل عليه الجملة في ظاهرها دون تأويل أو رجوع إلى نوايا المتكلم أو ظروف القول . في حالة الرئيس والموظف السابقين ، معنى تلك الجملة هو أن العمل الذي قام به الموظف عمل ممتاز حقاً .

٢ . معنى المتكلم : وهو المعنى الذي قصده قائل الجملة . هذا المعنى قد يتناقص مع معنى الجملة : الجملة تعني شيئاً والمتكلم قد يعني عكسه تماماً . ومما يكشف معنى المتكلم ملامح وجهه أو نغمة صوته أو نظرات عينيه أو الموقف العام الذي جرى فيه الكلام أو الموقف السابق للكلام أو العلاقة الدائمة أو المؤقتة بين المتكلم والمخاطب . إن هذه العناصر منفردة العلاقة الدائمة أو المؤقتة بين المتكلم والمخاطب . إن هذه العناصر منفردة أو مجتمعة ، تساعد المخاطب في فهم قصد المتكلم (أي معنى المتكلم) ، وتجعل المخاطب يقرر أن كان معنى الجملة التي سمعها يتطابق مع معنى المتكلم أم يختلف عنه . بالطبع ، في معظم الحالات ، يتطابق معنى الجملة مع معنى المتكلم . هذا هو الحال في معظم حالات الكلام . ولكن أحياناً ، هناك كلام ظاهره له معنى وباطنه له معنى آخر .

٣ . معنى المخاطب : عندما يسمع أحدنا جملة موجهة إليه من متكلم ، فقد يغضب ، ويستغرب المتكلم ردة فعل المخاطب ويقول له : "لماذا غضبتَ ؟ أنا لم أقصد ما فهمت . "هذه حالة تبين أن المخاطب قد يفهم معنى

غير ما قصد المتكلم ، فقد يقصد المتكلم المدح ، ويفهم المخاطب الذم . وقد يقصد المتكلم المزاح ، ويفهم المخاطب الجد . وقد يقصد المتكلم الجد ويفهم المخاطب المزاح . ولذلك ، قد ينشأ ما يعرف بسوء الفهم أو سوء الاتصال بين المتكلم والمخاطب .

وهكذا ، نرى أن للجملة ثلاثة معانٍ : معنى الجملة ومعنى المتكلم ومعنى المخاطب . معنى الجملة هو المعنى المحايد الذي لا يعتمد على موقف محدد أو علم متكلم أو مخاطب أو موقف معين ، وهو معنى الجملة كما تدل عليه مفرداتها ونحوها . ومعنى المتكلم هو المعنى كما يقصده المتكلم ، ومعنى المخاطب هو المعنى كما يفهمه الشخص الذي وجهتْ إليه الجملة أو سمعها .

المعنى والإعلام :

الجملة أساساً لها معنى . وفي العادة ، تقال الجملة لإعلام المستمع بأمر ما ، وخاصة في الموقف الحواري والتحادثي ، ولكن هناك جمل نقولها في مواقف عديدة لا يقصد بها الإعلام ، بل يقصد بها إقامة علاقات اجتماعية أو تعزيز هذه العلاقات . مثلاً ، عندما تقول لمحدثك : "اليوم جميل" أو "المطر الآن غزير جداً" أو "اليوم حار" جداً فوق المعدل ، فإنك لم تخبره شيئاً لا يعرفه . المخاطب يعرف أن الطقس جميل وأن المطر غزير وأن اليوم حار . ما قلته له لم يزده علماً . والهدف من أمثال هذه الجمل ليس الإعلام أو إضافة معلومات جديدة ، بل إن الهدف هو تنمية العلاقات الاجتماعية السابقة أو تمهيد للدخول في محادثة مهمة أو تمهيد للتعارف من أجل تأسيس علاقة جيدة .

المعنى الحرفي والمعنى المجازي :

١.   حشره في الزاوية وألقى القبض عليه .

٢.   حضره في الزاوية ولم يستطع الإنكار .

في بعض الأحيان ، الجملة الواحدة تتعدد معانيها حسب الموقف الـذي تقـال فيـه . مثلاً ، في الجملة الأولى ، الحشر في الزاوية حقيقي بالمعنى الحرفي : كان الشرطي يطارده حتى حشره في زاويه ، مما مكّنه في إلقاء القبض عليه . في الجملة الثانيـة ، لم تكـن هنـاك مطاردة ولا زاوية ولا حشر بالمعنى الحرفي ، بل كان هناك نقاش ، فسئل صاحبنا سؤالاً أو ووجه بحجة جعلته لا يستطيع أن يناور أكثر فضاقت به السبل واعترف .

إذاً ، المعنـى في الجملـة الأولى معنـى حـرفي ، والمعنـى في الجملـة الثانيـة مجـازيّ . وينطبق المعنى المجازي على معظم الأمثال المستخدمة في كل اللغات . مثال ذلك :

٣.   في الصيف ضيعتِ اللبن .

٤.   يداك أوكتا وفوك نفخ .

٥.   عصفور في اليد خير من عشرة على الشجرة .

٦.   من زَرَعَ حَصَدَ .

ولا شك أن المثل كان ذا معنى حرفي أول ما نشأ؛ كان الموقـف مطابقـاً للمعنـى الحرفي في يوم ما ، فقيلت الجملة مثلما تقال أية جملة . فقد حدث فعلاً ذات يـوم أن رجلاً نفخ قربة أو عجلاً واستعان به لقطع نهر لأنه لا

١٧

يتقن السباحة ، فانفلت رباط القربة وكاد الرجل أن يغرق لولا أن أنقذه آخر . فقال المنقذ للرجل ملقياً كامل اللوم عليه : "إنك أنت الذي نفخت القربة وأنت الذي ربطتها" . يقصد أن يقول له إنه وحده الذي يتحمل المسؤولية الكاملة لما حدث له . حينئذٍ ، حملت الجملة معناها الحرفي . بعدئذٍ ، صارت الجملة تقال لتعني أن المخاطب هو المسؤول عما حدث له ، وصارت تقال في كل حالة يكون فيه المخاطب هو المسؤول عما حدث له ، وصارت تقال في كل حالة يكون فيها المخاطب هو المتضرر من أفعاله هو دون أن تكون هناك قربة أو نفخ أو ربط .

والأمثلة الأخرى (٣ ، ٥ ، ٦) تستعمل مجازياً . فالمثل الأول يستخدم دون صيف ولا لبن . والثالث يستخدم دون عصافير ولا أشجار . والرابع يستخدم دون زراعة أو حصاد .

نظرية علم الدلالة :

إن علم الدلالة علم عام يتناول اللغات جميعاً ، وليس لغة بعينها ، الأمثلة فقط قد تكون بلغة ما دون سواها ، ولكن النظرية ذاتها تنطبق على اللغات جميعاً .

فما ذكرناه حتى الآن ينطبق على جميع اللغات دون استثناء . كل لغة فيها مثلث المعنى (أو مثلث الدلالة) . وفي كل لغة يوجد معنى الجملة ومعنى المتكلم ومعنى المخاطب . والمعاني الحرفية والمجازية مستخدمة في كل اللغات . لا شيء مما قلناه حتى الآن أو سنقوله في هذا الكتاب (في الفصول اللاحقة) إلاّ وينطبق على جميع اللغات .

كما أن نظرية الكيمياء عالمية ونظرية الفيزياء عالمية ، فإن نظرية علم الدلالة هـي عالمية أيضاً ، أي تنطبق على معاني كل اللغات دون استثناء .

الجملة والقول :

للجملة ، وهي إحدى الوحدات الدلالية ، تعريفات عديدة . لكن هنا في علم الدلالـة ، الجملة تحتاج تعريفاً خاصاً . الجملة هي تسلسل مثالي لكلمات تتوالى وفق نظام نحوي خاص وتتحقق على شكل أصوات مسموعة أو حروف مقروءة.

أما القول فهو مجموعة كلمات (أو حتى كلمة واحدة أحياناً) يقولها شـخص واحـد مسبوقة بصمت ومتبوعة بصمت . وبذلك ، فإن الجملـة الواحـدة قـد تنقسـم إلى عدة أقوال حسب عدد مرات الصمت داخلها . عـلى سـبيل المثال، الجملة (قـام الطالب بالإجابة عن جميع أسئلة التمرين وحده دون مساعدة مـن أحـد) مـن الممكن أن تتحقق على شكل قول واحد إذا قيلت بصمت واحد قبلها وصمت واحد بعدها . ولكن ، إذا صمت قائلها بعد كل كلمة ، فإن الجملة ذاتها تصبح اثني عشر قولاً .

وإذا قالها قائل هكذا : " ☐ قام الطالب ☐ بالإجابة عن جميع أسـئلة التمـرين ☐ وحده دون مساعدة من أحد ☐" ، فإن الجملـة تكـون قـد تحققـت في ثلاثـة أقوال ، حيـث إن المربع ☐ يدل على الصمت .

وهكذا ، نلاحظ أن هناك فروقاً عديدة بين الجملة والقول :

١ . الجملة مجردة ، والقول حدث حقيقي حدث في مكان ما وزمان ما وموقف ما وقاله شخص ما موجهاً إلى شخص ما .

٢ . الجملة وحدة لغوية كاملة نحوياً ، ولكن القول لا يشترط فيه أن يكون كاملاً نحوياً ، فقد يكون كلمة واحدة أو جزءاً من جملة .

٣ . الجملة تتحقق عن طريق القول ، إذ إن القول يحولها من التجريد إلى التحقيق .

٤ . يمكن أن تتحقق الجملة الواحدة بقول واحد أو أكثر حسب عدد مرات الصمت داخلها ، أي بين كلماتها .

٥ . يمكن أن تتحقق الجملة الواحدة بملايين الأقوال ، إذ كلما قالها شخص أحدث قولاً جديداً . مثلاً ، جملة (السلام عليكم) يقولها ملايين الناس يومياً : الجملة هنا واحدة ، ولكنها ت تحقق عبر ملايين الأقوال ، كل قول منها يقوله قائل مختلف في مكان مختلف وزمان مختلف وموقف مختلف ، بل وغالباً بصفات صوتية مختلفة من حيث النبرة أ, النغمة أ, العلو أو الانفعال أو المدّ أو الدرجة .

في هذا الكتاب ، ولغرض التمييز بين الجملة والقول ، من الآن فصاعداً ، ستظهر الجملة بحرف مائل وسيظهر القول بحرف عادي بين علامتي اقتباس . لاحظْ أنه في الحوار اليومي بين الناس ، لا يستعمل الناس الجمل فقط ، أي الجمل الكاملة نحوياً ، بل يستخدمون في كثير من الأحيان جملاً مبتورة ، أي كلمات وأجزاء من جمل .

الجملة والفكرة :

الآن صرنا نعرف المقصود بالجملة والقول؛ ولكن قبل الجملة والقول ، هناك الفكرة في العقل . أنت تفكر أولاً ، ثم تصنع الجملة ، ثم تحولها إلى قول . الفكرة هي أساس المعنى بالدرجة الأولى . فإذا صدرت جملة إخبارية فإنها تؤكد الفكرة : مثلاً ، سافر والده إلى مكة . ولكن إذا صدرت جملة استفهامية ، فلا شك أنها تحتوي على فكرة ما ولكنها تستفسر عنها ولا تؤكدها : مثلاً ، هل سافر أبوه إلى مكة ؟ وإذا صدرتْ جملة طلبية (مثل الأمر) ، فإن الجملة تحتوي على فكرة أيضاً ، و لكنها الجملة هنا لا تؤكد الفكرة ، بل تطلب تنفيذها : مثلاً ، سافرْ إلى مكة . وإذا صدرت جملة تعجبية ، فإن هذه الجملة تحتوي على فكرة أيضاً ، ولكن هذه الجملة لا تؤكد الفكرة ، بل تتعجب منها : مثلاً ، ما أجملَ السفر إلى مكة !

والفكرة قد تكون صادقة أو غير صادقة . فإن كانت الفكرة صادقة كانت مطابقة للواقع ، أي حقيقية . وإن كانت الفكرة غير صادقة ، أي مخالفة للواقع ، كانت منافية للحقيقة . مثلاً ، (الأرض كروية) فكرة صادقة ، ولكن (الأرض مسطحة) فكرة غير صادقة .

لاحظ أنه من الآن فصاعداً ، لدينا ثلاثة مصطلحات مختلفة : جملة ، قول ، فكرة . الجملة ستظهر بحرف مائل (١) ، والقول سيظهر بعلامات اقتباس (٢) ، والفكرة ستظهر عادية (٣) :

١. هناك عدة جامعات أهلية في الأردن . جملة .

٢. "هناك عدة جامعات أهلية في الأردن" . قول

٣. هناك عدة جامعات أهلية في الأردن . فكرة

يستطيع المرء أن يصنع ما يشاء من الأفكار في عقله . بعضها قد يكون حقائق وبعضها خيالات أو منافياً للحقيقة . ولكن ، كلها أفكار يمكن التعبير عنها بجمل . فإن كانت الفكرة صادقة ، كانت الجملة صادقة كذلك وإن كانت الفكرة غير صادقة ، كانت الجملة غير صادقة تبعاً لذلك .

ولذلك ، يمكن أن تكون الجملة صادقة (من حيث مطابقتها للحقيقة) وصحيحة (نحوياً) . ويمكن أن تكون غير صادقة (معلوماتياً) وغير صحيحة (نحوياً) . ويمكن أن تكون صادقة وغير صحيحة . ويمكن أن تكون صحيحة وغير صادقة . وكما ذكرنا ، الصدق يقصد به الصدق المعلوماتي ، أي مطابقة الجملة للحقيقة . أما الصحة فالمقصود بها الصحة النحوي ، أي مطابقة الجملة لقوانين الصرف والنحو .

انظر إلى هذه الجمل الأربع التالية :

٤. إن الأرض تدور حول الشمس .

٥. إن الشمس تدور حول الأرض .

٦. * إن الشمس يدور حول الأرض .

٧. * إن الأرض يدور حول الشمس .

الجملة (٤) صادقة (معلوماتياً) وصحيحة (نحوياً) . الجملة (٥) غير صادقة (معلوماتياً) ولكنها صحيحة نحوياً . الجملة (٦) غير صادقة وغير صحيحة . أما الجملة (٧) فهي صادقة ولكنها غير صحيحة . إذاً ، هناك فرق بين الصدق والصحة . الصدق يتعلق بالمعنى وهو موضوع علم الدلالة ، أما الصحة فإنها تتعلق بالسلامة النحوية والصرفية .

الفكرة لا لغة لها في الأساس . لو شاهد عربي وهندي وصيني وياباني حدثاً ما ، (مثلاً رأوا صخرة تتدحرج على سطح جبل من قمته نحو أسفله) ، فالأربعة سيتكون لديهم – على الأرجح – الفكرة ذاتها : انظر إلى الصخرة التي تتدحرج على سفح الجبل . بما أن العقل البشري عامل مشترك بين الأربعة ، فإن هذا العقل سيكون هذه الفكرة . ولكن ، لأن لكل منهم لغة خاصة به ، فإن كلاً منهم سيصنع جملة بلغة معينة ، ثم يقولها بتلك اللغة .

الفكرة والجملة والقول :

ما العلاقة بين الفكرة والجملة والقول ؟ ما وجوه الشبه والاختلاف ؟

١ . من حيث علو الصوت ، لا علو للفكرة والجملة لأنهما مجردتان . العلو للقول فقط لأنه حدث فعلي ، فقد يكون القول عالياً أو منخفضاً .

٢ . من حيث الصحة النحوي ، لا صحة للفكرة ، لأن الفكرة لا تنتمي أساساً للغة ما . الصحة تتعلق بالجملة والقول . فقد تكون الجملة والقول صحيحين أو غير صحيحين .

٣ . من حيث الصدق المعلوماتي ، فإن الصدق يتعلق بالفكرة والجملة والقول . فقـد تكون آية واحدة منها صادقة أو غير صادقة حسب مطابقتها للواقع أو الحقيقة .

٤ . من حيث اللهجة ، فإن الفكرة لا لهجة لها لأنها ليست تابعة للغة مـا . والجملـة أيضاً لا لهجة لها ، لأنها وحدة مجردة . أما القول فهو ذو لهجة ما حسب لهجة قائلة .

٥ . من حيث الارتباط بلغة ما ، فإن الفكرة لا ترتبط بلغة ما . ولكن الجملة والقول يرتبطان بلغة محددة .

٦ . من حيث التجريد ، الفكرة والجملة مجردتان . أم القول فهو حدث فعلي .

٧ . من حيث التسلسل ، تبدأ الفكرة ، التي تعبر عنها الجملة ، التي يحققها القول .

لاحظ أن الفكرة الواحدة يمكن التعبير عنها بعدة جمل بلغات مختلفة أو ضمن لغة واحدة وأن الجملة الواحدة يم كن تحقيقها بملايين الأقوال مثلاً ، زيد كسر النافـذة ، إنها فكرة يمكن التعبير عنها بعدة جمل مختلفة :

١ . كسر زيد النافذة .

٢ . من كسر النافذة هو زيد .

٣ . إن الذي كسر النافذة هو زيد .

٤ . إن زيداً هو الذي كسر النافذة .

٥ . إن كاسر النافذة هو زيد .

٦ . زيد هو كاسر النافذة .

٧ . زيد هو الذي كسر النافذة .

٨ . النافذة كسرها زيد .

٩ . النافذة كاسرها زيد .

١٠ . النافذة زيد كسرها .

كل هذه الجمل العشر تعبر عن الفكرة ذاتها ، ويمكن أن تقال كل جملة ملايين المرات منتجة ملايين الأقوال .

المعنى والدلالة :

عندما نتحدث عن **معنى الكلمة** ، فإننا نتحدث عن علاقاتها مع الكلمات الأخرى داخل اللغة ذاتها . (ثري) تعني (غني) أو ضد (فقير) . (كريم) ضد (بخيل) . معنى الكلمة مرتبط بعلاقاتها مع الكلمات ذات العلاقة في اللغة الواحدة .

من ناحية أخرى ، **الدلالة** تعني علاقة الكلمة بالعالم الخارجي . الكلمة – غالباً – تشير إلى كائن موجود ي العالم الخارجي ، قد يكون إنساناً أو حيواناً أو نباتاً أو جماداً أو مكاناً ، مثلاً ، نعمان ، الأسد ، الشجرة ، الصخرة ، أوروبا ، على الترتيب .

هناك فرق بين الكلمات والموجودات . كلمة (كرسي) ليست كرسياً ، بل هي كلمة تشير إلى لاشيء الذي ندعوه كرسياً . كلمة (باب) ليست باباً ، وكلمة (مدرسة) ليست مدرسة . هناك التعبير اللغوي وهناك الموجود الخارجي . التعابير اللغوية جزء من اللغة ، ولكن الموجودات الخارجية جزء من العالم . الدلالة (في هذا الكتاب) هي علاقة بين التعابير اللغوية والموجودات الخارجية .

سندعو التعبير الذي يشير إلى الموجود الخارجي المعين **تعبيراً دالاً** ، وسندعو الموجود الخارجي المحدَّد الذي يشير إلى تعبير دال **المدلول عليه** أو اختصاراً (المدلول) . وسندعو العلاقة بين التعبير الدال والمدلول عليه **دلالة** . لاحظ أنه صار لدينا الآن ثلاثة مصطلحات هامة : دلالة ، تعبير دال ، ومدلول عليه . الدلالة هنا ليست بمعناها العام ، بل صار لها معنى خاص . والتعبير الدال ليس أي تعبير ، بل له معنى خاص . والمدلول عليه (هنا) صار له معنى خاص . انتبه إلى المعاني الاصطلاحية الخاصة لهذه المصطلحات . سوف نستعمل هذه المصطلحات حسب معانيها الخاصة الجديده .

كان من الممكن أن نستعمل مصطلحات "الإشارة" أو "الإحالة" أو "الإرجاع" أو "الإسناد" بدلاً من "الدلالة" . وكان من الممكن استعمال مصطلح "المشار إليه" أو "المعيّن" بدلاً من "المدلول عليه" . وكان من الممكن استعمال مصطلح "التعبير الإشاري" أو "التعبير المشير" بدلاً من "التعبير الدال" . ولكن لأسباب عدة ، من بينها الوضوح

والاختصار وعدم التداخل بين المصطلحات ، وجد المؤلـف أن مصطلحات الدلالة والتعبير الدال والمدلول عليه قد تكون أوضح وأوجز وأوفى .

التعبير الدال والمدلول عليه :

بموجب تعريف التعبير الدال والمدلول عليه أو المـدلول ، ليسـت كـل التعـابير دالة وليست كل الموجودات مدلولات . مثلاً ، القط يشبه النمر . هنا (القط) لا يشير إلى قط بعينه ، بل يشير إلى القطط عامة . إذاً ، كلمة (القط) في هذه الجملة ليست تعبيراً دالاً ، إذ هي لا تشير إلى قط معين .

ولكن ، انظر إلى هذه الجملة قالها قائل يشير إلى قط محدد : "القط جميل" . هنا ، القائل يتحدث عن قط معيـن . إذاً ، (القـط) فـي هـذه الجملـة تعبيـر دالّ ، لأنه يتعلـق بمحدَّد .

لاحظ أن التعبير الدال قد يكون كلمة واحدة أو أكثر . وأن المـدلول عليه هـو كـائن معين في العالم الخارجي يشير إليه التعبير الـدال في قول معين في موقف معين . مثلاً ، "الولد الجالس تحت الشجرة هو صديقه" . التعبير عليه معين . و (الشجرة) كذلك هي تعبير دال لأنها تشير إلى شجرة معينة في هذا القول . ويجب أن نتذكر أن التعبير الذي قد يكون دالاً في جملة قد لا يكون دالاً في جملة أخرى . مثلاً ، (الشـجرة) فـي (الشـجرة قـد تكون مثمرة أو غير مثمرة) ليسـت تعبيراً لأنها ليسـت شجرة معينة بـل شجرة بمعناهـا العام .

والمدلول عليه أو المدلول للتعبير الـدال قـد يكون متغيراً وقـد يكون ثابتاً . مثلاً (باريس) تعبير دال ذو مدلول ثابت . فلو قال ملايين الأشخاص ملايين الجمل التي تحتـوي كل منها على التعبير (باريس) ، فإن المدلول لهذا التعبير ثابت لا يتغير ، غـذ هـو مدينـة باريس التي هي عاصمة فرنسا . ومن التعابير الدالة ذوات المـدلولات الثابتـة : الشمس ، القمر ، زُحَل ، نيويورك ، القدس ، مكة المكرمة ، المسجد الأقصى .

ولكنْ انظر إلى هذا التعبير : "عاصمة الدولة الإسلامية" . هذا التعبير يشير إلى موجود خارجي ، إذاً هو تعبير دال . ولكن هذا الموجود الخارجي متغير حسب الزمان ، حسب الموقف ، وحسب الموضوع . فإن كنا نتحدث عن عاصمة الدولة الإسلامية أيام الخلفـاء الراشدين ، كان المدلول هو المدينة المنورة . وفي زمن الخلافة الأمويـة ، دمشـق ، وفي زمـن الخلافة العباسية ، بغـداد . وفي زمـن الخلافـة الفاطميـة ، القـاهرة . وفي زمـن الخلافة العثمانية ، اسطمبول . هذا مثال عـلى تعبير دالّ مدلوله متغيـر . ومن التعابير المماثلة رئيس الدولة ، ملك البلاد ، ووزير التربية ، هذه التعابير دالة لأنها تشير إلى موجودات خارجية معينة . ولكن الموجود الخارجي (المدلول عليه أو المدلول) ليس ه و ذاته في كل المواقف والأزمان . مثلاً ، وزير التربية اليوم ليس هو ذاته الذي كان قبل عشر سنوات .

انظر إلى هذا المثال : "يدي اليمنى" . هذا التعبير الدال يشير إلى مدلولات متغيرة حسب القائل . لو قال هذا التعبير ألف شخص ، فإن المدلول عليه في كل مرة يختلف عن المرات الأخرى . هذا مثال آخر لتعبير

دال واحد له مدلول متعدد أو متغير . قد يتعدد المدلول عليه للتعبير ذاته إذا تغير زمان القول أو مكانه أو موقفه أو موضوعه . فلو قلت "أنا ذاهب إلى العاصمة" ، فإن مدلول العاصمة يعتمد على البلد الذي أنت فيه عندما قلت القول . وإذا قلت "ملك البلاد" فإن المدلول يعتمد على البلد الذي أنتَ فيه أو الزمان الذي تتحدث عنه .

في بعض الحالات ، تتعدد التعابير الدالة ولكن المدلول عليه واحد . مثلاً ، إذا قلت "عاصمة فرنسا" أو "باريس" ، فإن المدلول عليه لهذين التعبيرين واحد وهو المدينة ذاتها .

المعنى والمدلول :

في هذا الكتاب ، هناك فرق كبير بين المعنى والمدلول عليه . المدلول عليه اختصاراً سنشير إليه كثيراً بمصطلح (المدلول) ، تسهيلاً واستجابة لأغراض الجمع والتثنية والإضافة . ما الفروق بين المعنى والمدلول ؟

١ . معنى التعبير هو علاقته بسواه من التعابير اللغوية من حيث الترادف والتضاد وسواهما . مدلول التعبير هو موجود معيّن خارج اللغة ، أي موجود معين في العالم الخارجي .

٢ . المعنى ليس للكلمات فقط ، بل للعبارات والجمل أيضاً ، مثلاً : كتاب ، في الكتاب ، الكتاب مفيد (على التوالي) ، ولكن المدلول عليه يتعلق

بالتعابير الدالة فقط . التعبير الدال له مدلول عليه ، ولكن الجملة ليس لها مدلول عليه .

٣ . المعنـى مجـرد ، ولكـن المـدلول عليـه محسـوس في الغالـب وموجـود في العـالم الخارجي .

٤ . لكل تعبير معقول معنى ، ولكن ليس لكل تعبير مدلول عليه . هناك تعابير عديدة ليس لها مدلول عليه ، مثلاً "العلْم مفيد" . هذا القول ليس لتعابيره مدلولات ، إذ لا يوجد موجود خارجي معين في هذه الحالة .

تمارين (١)

أ . املأ الفراغ بكلمة واحدة مناسبة :

١ . علم الدلالة يدعى أيضاً علم _____

٢ . علم الدلالة فرع من علم اللغة _____ .

٣ . مثلث المعنى يتكون من _____ و _____ و _____ .

٤ . الكلمة لها شكل _____ وشكل _____ .

٥ . المعنى موجود في ـ ، ولكن المدلول عليه موجود في _____ .

٦ . تستخدم اللغـة في العـادة لغـرض ـ . ولكنهـا أحيانـاً تستخدم لغرض تنميـة العلاقات _____ .

٧ . للقول الواحد ثلاثة معانٍ على الاحتمال : معنى ـــ ومعنى ـ ومعنى ـ .

ب . اختر (نعم) إذا كانت الجملة صحيحة ، واختر (لا) إذا كانت خطأ .

٨ . قد يناقض معنى الجملة المعنى الذي قصده المتكلم نعم لا

٩ . قد يناقض معنى المتكلم لجملة ما المعنى الذي فهمه المخاط بنعم لا

١٠ . جميع الجمل تقال بقصد تزويد السامع بمعلومات جديدة نعم لا

١١ . لكل لغة نظرية دلالية خاصة بتلك اللغة نعم لا

١٢ . القول هو جملة كاملة منطوقة . نعم لا

١٣ . الجملة حقيقة مثل القول . نعم لا

١٤ . الصدق خاص بالفكرة فق ، دون الجملة والقول . نعم لا

١٥ . الفكرة قد تكون صحيحة نحوياً أو غير صحيحة . نعم لا

١٦ . الصدق يتعلق بالمعلومات والصحة تتعلق بالنحو . نعم لا

١٧ . الفكرة تعتمد على لغة ما . نعم لا

١٨ . المعنى والدلالة مصطلحان مترادفان . نعم لا

١٩ . يمكن أن نعبر عن الفكرة الواحدة بجمل مختلفة من لغة واحدة أو لغات مختلفة نعم لا

جـ مثّل لما يلي :

٢٠ . جملة صادقة صحيحة : ________________

٢١ . جملة غير صادقة وغير صحيحة : ________

٢٢ . جملة صادقة وغير صحيحة : ________

٢٣ . جملة غير صادقة صحيحة : ________

د . املأ خانات الشكل التالي بالإشارات (+) في حالة التوافق أو (-) في حالة عدم التوافق أمام كل بند مما يلي :

	الفكرة	الجملة	القول
٢٤ . علو الصوت وانخفاضه			
٢٥ . الصحة النحوية			
٢٦ . الصدق المعلوماتي			
٢٧ . لهجة لغوية ما			
٢٨ . الارتباط بلغة ما			
٢٩ . وحدة مجردة			

هـ . اختر نعم أو لا لكل من الجمل الآتية :

٣٠ . المعنى والدلالة مفهومان مترادفان — نعم — لا

٣١ . (لا هو في) جملة . — نعم — لا

٣٢ . (ذهب الوالد إلى المدرسة) قول . — نعم — لا

٣٣ . (غسَّان) تعبير دال دائماً . — نعم — لا

٣٤ . (وفيّ) تعبير دال . — نعم — لا

٣٥ . التعبير الدال هو التعبير ذات المعنى . نعم لا

٣٦ . المدلول هو ذاته المدلول عليه . نعم لا

٣٧ . لا فرق بين الدال والمدلول . نعم لا

٣٨ . المدلول هو المعنى . نعم لا

٣٩ . المعنى للكلمات والعبارات والجمل . نعم لا

٤٠ . التعبير هو ذاته العبارة . نعم لا

٤١ . التعبير الدال يتكون من كلمة واحدة . نعم لا

و . أي من هذه المدلولات ثابت (ث) وأي منها متغير (م) ؟

٤٢ . عاصمة مصر . ث م

٤٣ . بغداد . ث م

٤٤ . عطارد . ث م

٤٥ . كتابه . ث م

٤٦ . والدها . ث م

٤٧ . البحر الأبيض المتوسط . ث م

مفتاح الإجابات (١)

١. علم المعنى

٢. النظري

٣. الكلمة والمعنى والمدلول عليه

٤. مسموع ، مرئي

٥. الذهن ، العالم الخارجي

٦. الإعلام ، الاجتماعية

٧. الجملة ، المتكلم ، المخاطَب

٨. نعم

٩. نعم

١٠. لا ، بعضها تهدف إلى تنمية العلاقات الاجتماعية فقط .

١١. لا ، علم الدلالة علم يغطي اللغات جميعاً .

١٢. لا ، قد يكون كلمة أو عبارة ، أي جزءاً من جملة .

١٣. لا ، الجملة وحده لغوية مجردة .

١٤. لا ، الصدق خاص بالفكرة والجملة والقول .

١٥. لا ، لأن الفكرة لا تعتمد على لغة ما .

١٦. نعم

١٧. لا

١٨. لا ، المعنى علاقة الكلمة بسواها من الكلمات في لغة واحدة ، والدلالة علاقة الكلمة بالعالم الخارجي .

١٩. نعم

٢٠. بغدادُ عاصمةُ العراق .

٢١. *إنَّ البصرةُ عاصمة العراق .

٢٢. * بغدادَ عاصمةِ العراق .

٢٣. البصرةُ عاصمةُ العراقِ .

٢٤.	-	-	+
٢٥.	-	+	+
٢٦.	+	+	+
٢٧.	-	-	+
٢٨.	-	+	+
٢٩.	+	+	-

٣٠. لا ، المعنى علاقة الكلمة بكلمات أخرى داخل اللغة والدلالة علاقتها بالعالم الخارجي .

٣١. لا ، لأنها لا تطيع قوانين النحو .

٣٢. لا ، لأن القول يوضع بين علامتي اقتباس " " .

٣٣. لا ، غالباً وليس دائماً . الأمر يعتمد على الموقف .

٣٤. لا ، إنها تعبير إخباري في العادة .

٣٥. لا ، ليس كل تعبير ذي معنى تعبيراً دالاً .

٣٦. نعم

٣٧. لا ، الدال هو التعبير الدال ، والمدلول هو الموجود في العالم الخارجي الذي يشير إليه التعبير الدال .

٣٨. لا ، المدلول هو الموجود المعيّن في العالم الخارجي .

٣٩. نعم

٤٠. لا ، التعبير وحدة دلالية ، والعبارة وحدة نحوية .

٤١. لا ، قد يكون كلمة واحدة أو أكثر .

٤٢. م ، لأن عاصمة مصر تغيرت عبر التاريخ .

٤٣. ث

٤٤. ث

٤٥. م ، المدلول يتغير حسب الموقف .

٤٦. م ، المدلول يتغير حسب الموقف .

٤٧. ث

الفصل الثاني

مفهوم الدلالة

نحتاج هنا إلى مزيد من التأمل في مفهوم الدلالـة وطبيعـة التعـابير الدالـة . التعـابير بصفة عامة أربعة أنواع :

١ . هناك تعابير لا تستعمل إلاّ لتـدلّ ، أي هـي **تعـابير دالـة** دائمـاً ، مـثلاً : والـدي ، إبراهيم ، لندن ، وبغداد ، هذه التعابير تشير إلى موجود معين كلما استخدمت .

٢ . هناك تعابير قد تكون دالة أو غير دالـة حسـب الموقـف الـذي تسـتخدم فيـه ، مـن الممكن أن ندعوها **تعابير مشتركة** مثلاً : "هناك رجل تحت الشجرة" ، "إنـه بحاجـة إلى رجـل يساعده في الزراعة" . في القول الأول ، (رجل) تعبير دال لأنـه يشـير إلى موجـود خـارجي معيّن . في القول الثاني ، (رجل) تعبير إخباري ، وليست تعبيراً دالاً .

٣ . هناك **تعابير إخبارية** دائماً ، ولا يمكن استخدمها للدلالة ، مثلاًك بسرعة ، بأمانـة ، فوراً ، في الحال .

٤ . هناك تعابير لا تصلح للدلالة ولا للإخبار ، مثلاً : و ، أو ، في ، أنْ . وهي في الغالب حروف العطف والجر والنفي والجزم والنصب و القسم وسواها من الحروف . وتدعى في علم المعنى **تعابير رابطة** .

إذاً ، هناك أربعة أنواع من التعابير : تعابير دالة دائماً ، وتعابير إخبارية دائماً ، وتعابير دالة إخبارية حسب السياق ، وتعابير لا تدل ولا تخبر بل تربط التعابير الأخرى بعضها ببعض وتدعى التعابير الرابطة .

التعبير دالّ إذا قصد المتكلم الإشارة إلى موجود معيّن . وإذا لم يكن هناك موجود معين في ذهن المتكلم عندما قال ما قال ، فإن التعبير لا يكون دالاً مثال :

سؤال : "أين عدنان ؟ "

جواب : " لا يوجد أي عدنان هنا ."

(عدنان) في السؤال تعبير دال لأن السائل كان يقصد في ذهنه شخصاً معيناً . ولكن التعبير ذاته (عدنان) في الجواب ليس تعبيراً دالاً ، لأن المجيب لم يكن يشير إلى شخص معين ، إذ كان ينفي وجود أي شخص بذلك الاسم . إذاً ، السياق هو الذي يحدد إن كان التعبير دالاً أم غير دال .

ومن التعابير التي يمكن أن تكون دالة ما يلي :

١ . العبارة الاسمية المعرَّفة ، مثل الرجل ، الرجل الشجاع ، الرجل الذي تحت الشجرة ، وهي ليست دالة دائماً ، بل حسب الموقف ، مثلاً ، في

"انظر إلى الرجل" ، (الرجل) تعبير دال . ولكن في "الرجل أقوى جسمياً من المرأة" ، (الرجل) هنا ليست تعبيراً دالاً .

٢ . **الاسم العلم** ، مثل لندن ، عدنان ، البحر الأحمر ، وهو يشمل أسماء الأشخاص والبلدان والمدن والأنهار والبحار والجبال والمحيطات والبحيرات . وهي تعابير دالة إذا وردت في القول عادة ، إلاّ إذا جاءت في جميل منفية خاصة .

أ . "لندن هي عاصمة المملكة المتحدة ."

ب . "لا توجد أية لندن في إسبانيا ."

(لندن) في القول الأول هي تعبير دال ، لأنها تشير إلى موجود معين في العالم الخارجي . ولكن (لندن) في القول الثاني ليست تعبيراً دالاً ، لأنها لا تشير إلى موجود معين في العالم الخارجي .

٣ . **الضمائر الشخصية :** وهي الضمائر التي تشير إلى موجود . مثلاً ، "إبراهيم رجل أمين ، إذ هو يحرص على أداء حقوق الناس ." (هو) تعود إلى (إبراهيم) ، وحيث أن (إبراهيم) تعبير دال ، فإن (هو) تعبير دال أيضاً في هذا السياق . ولكن هذا لا يعني أن الضمائر الشخصية دالة دائماً . مثلاً ، إذ أنتَ أكرمت الكريم ملكتَه" . (أنت) ها لا تشير غلي شخص معين ، بل هي موجهة إلى أي سامع أو أي شخص ، فهي ليست دالة ، أي ليست تعبيراً دالاً .

الجملة التعادلية :

في بعض الأحيان ، يكون المدلول واحداً ولكن تتعدد التعابير الدالة عليه . مثال ذلك :

- باريس ، عاصمة فرنسا .

- مدير الشركة ، أحخمد علي .

- أمير الشعراء ، أحمد شوقي .

هذه العلاقة بين التعبيرين الدالية اللذين يشتركان في مدلول واحد تعبر عنها الجملة التي يمكن أن تدعى **الجملة التعادلية** . مثال :

١ . باريس عاصمة فرنسا .

أو باريس هي عاصمة فرنسا .

أو إن باريس عاصمة فرنسا .

أو إن باريس هي عاصمة فرنسا .

٢ . أمير الشعراء أحمد شوقي .

٣ . مدير الشركة إبراهيم .

٤ . كان مدير الشركة إبراهيم . (في حالة الماضي) .

هذه الجمل السابقة (١-٤) تعادلية ، وأفضل اختبار للتعادلية هو القلبْ ، مثلاً ، عاصمة فرنسا باريس أوباريس عاصمة فرنسا . إن القلب شرط من شروط تعادلية الجملة ، ولكنه ليس شرطاً كافياً . انظر إلى هذه الجمل المقلوبة (٥-٨) عن الجمل الأربع السابقة (١-٤) :

٥ . عاصمة فرنسا باريس .

٦ . أحمد شوقي أمير الشعراء .

٧ . إبراهيم   مدير الشركة .

٨ . كان إبراهيم   مدير الشركة .

هذا القلب الذي تـم في الجمـل الأربعـة السـابقة (٥-٨) يـدل عـلى تعادليـة هـذه الجمل وأن التعبيرين في كل جملة دالّان وأن المدلول عليه واحد .

ولكن الجمل الآتية (٩-١٠) (مثلاً) ليست تعادلية لأنها غير قابلة للقلب :

٩ . المدينة كبيرة .

١٠ . الولد أمين .

كما ذكرنا ، القلب ليس شرطاً كافياً للتعادلية . مثلاً ، "المطلوب هو كيل من التمـر ." نستطيع أن نقول : "كيل من التمر هو المطلوب ." ولكـن هـذا القلب لا يجعل الجملـة تعادلية ، حيث إن "كيل من التمر" ليس تعبيراً دالاً ، ولا "المطلوب" هو تعبير دالّ بالمعنى الصحيح عليه .

الخبر :

١ . القاهرة (مدينة) تقع في إفريقيا .

٢ . جابر بن حيان كان (عبقرياً) .

٣ . (ألف) الأستاذ هذا الكتاب .

٤١

إذا نظرنا إلى الجمل السابقة (١-٣) ، فإن ما تحته خط هو تعبير دال ، أي يدل على موجود معين . بعد استثناء التعابير الدالة من الجملة البسيطة ، فإن كلمة واحدة (أو عبارة واحدة) من الباقي تكون أهم كلمة . هذه الكلمة الأهم ندعوها خبراً . ومصطلح الخبر هنا مصطلح دلالي يختلف عن مصطلح الخبر المعروف في النحو . الخبر (هنا في علم الدلالة) هو الكلمة الأهم في الباقي من الجملة بعد استثناء التعابير الدالة . وبذلك ، تكون الكلمات التي بين قوسين في الجمل الثلاث السابقة أخباراً .

٤ . الكتاب (على) الرف .

٥ . الكتاب (مفيد) .

٦ . الكتاب (ضاع) أمس .

وإذا طبقنا الطريقة ذاتها على الجمل (٤-٦) ، فإن ما تحته خط هو تعبير دال ، وما بين قوسين خبر ، لاحظ أن الخبر هنا قد يكون حرف جر (٤) أو فعلاً (٣ ، ٦) أو اسماً (١ ، ٢) ، أو صفة (٥) ، من المهم أن نعرف أن الجملة البسيطة الواحدة فيها خبر واحد ، كما تدل الجمل (١-٦) ، ولكن يجوز أن يكون في الجملة الواحدة أكثر من تعبير دال واحد كما في الجمل (١ ، ٣ ، ٤) .

لاحظ أن تحليل الجملة إلى تعبير دال وخبر ليس مماثلاً لتحليلها إلى مبتدأ أو خبر . التحليل الأول دلالي له مفاهيم خاصة به ، والتحليل الثاني نحوي له مفاهيم خاصة به .

الخبر المحتمل

الخبر مصطلح مرتبط بجملة ما . ولكن هناك مصطلح لا يعتمد على جملة بعينها ، هو الخبر المحْتمل . وهو أية كلمة يمكنها أن تكون خبراً في جملة ما .

على سبيل المثال ، الكلمات (شجاع ، يمشي ، رجل ، صبّي ، حَدَّاد ، على) ممكن استخدامها أخباراً في جمل متنوعة . إذاً ، كل من هذه الكلمات خبر محتمل .

الفرق بين الخبر والخبر المحتمل بسيط ودقيق في آن واحد . الخبر هو كلمة في جملة معينة ، ولكن الخبر المحتمل هو كلمة يمكن أن تقوم بوظيفة الخبر في جمل محتملة .

قد يكون الخبر أو الخبر المحتمل مجموعة كلمات متصلة ، وليس شرطاً أن يكون كلمة واحدة (كما هو الغالب) . مثال ذلك : هذا الكتاب ، يرغب في ، يبحث عن ، يرغب عن ، يدقق في .

عند استعمال كلمة ما لتكون خبراً في جملة ما فهي ذات معنى واحد ، حتى وإن تعدد معناها خارج الجملة . في جملة ما ، في قول ما ، للخبر الواحد معنى واحد قصده المتكلم . والحديث عن عدة معانٍ للخبر

الواحد هو حديث تحليلي لا أكثر ، لأن المتكلم لا يمكن أن يقصد عدة معانٍ للخبر الواحد في آن واحد . عندما قال الجملة قائلها ، كان يقصد معنى واحداً بالتأكيد .

تذكرْ أن لجملة البسيطة الواحدة فيها خبر واحد ، ولكن قد تحتوي على عدة أخبار محتملة أخرى . مثلاً ، انظر إلى هذا الطائر الجميل ذي الألوان الزاهية . في هذه الجملة ، (هذا الطائر الجميل) و (ذي الألوان الزاهية) و (الألوان الزاهية) تعابير دالة . الخبر في هذه الجملة واحد ، وهو (انظر) . ولكن الكلمات (جميل وزاهية) ، وهي هنا أجزاء من التعبير الدال ، يمكن أن تكون أخباراً محتملة في جمل غير هذه الجملة . الجملة الواحدة تحتوي – إن احتوت- على خبر واحد فقط ، ولكن قد تحتوي على عدة أخبار محتملة .

درجة الخبر :

في الجملة الواحدة – في العادة – تعبير دال واحد أو أكثر مع خبر واحد . ولكن الأخبار تتفاوت في عدة التعابير الدالة المصاحبة لها في جملة واحدة .

١ . نام   الولد   .

٢ . أكل   الولد   التفاحة   .

٣ . أعطى   الولد   أخاه   هدية   .

٤ . سوريا   بين الأردن وتركيا   .

٥. الورقة   تحت الكتاب .

٦. الحديقة جميلة .

٧. هو مازال طفلاً .

٨. عدنان   أخو إبراهيم .

في الجمل السابقة (١ – ٨) ، و ضعنا خطاً تحت الخبر ، على أساس خبر واحد في كل جملة . ووضعنا خطين تحت كل تعبير دال . درجة الخبر هي عدد التعابير الدالة التي يحتاجها الخبر في الجملة البسيطة الواحدة .

في الجملة (١) ، (نام) احتاجت تعبيراً دالاً واحداً . إذاً هي **خبر أحادي** أو أحادي الدرجة . وفي الجملة (٢) ، (أكل) أخذت تعبيرين دالين ، إذاً هي خبر ثنائي أو ثنائي الدرجة . ولكن (أعطى) في الجملة (٣) ، أخذت ثلاثة تعابير دالة ، إذاً هي **خبر ثلاثي** أو ثلاثي الدرجة .

بعض الظروف أخبار ، كما في جملة (٤) . (بين) تحتاج ثلاثة تعابير دالة ، إذاً هي خبر ثلاثي . (تحت) تحتاج اثنين ، إذاً هي **خبر ثنائي** (٥) .

الصفة ، في العادة ، تحتاج تعبيراً دالاً واحداً (٦) . وكذلك الاسم ، فهو يحتاج دالاً واحداً (٧) . ولكن ، في بعض الحالات ، يكون الاسم خبراً ثنائياً (يحتاج إلى تعبيرين دالين) وخاصة إذا كان اسماً يدل على قرابة ، مثل واحد ، أخ ، أم ، عم ، كما في جملة (٨) ، حيث (أخو) تحتاج إلى تعبيرين دالين فهي إذاً خبر ثنائي .

عند تكوين الجمل ، لابد من مراعاة درجة الخبر لتكون الجمل مقبولة . وإن عدم مراعاة هذه الدرجة يؤدي في الغالب إلى جمل غير مقبولة ، علماً بأن اللغة تسمح بالحذف إذا فهم المحذوف من السياق . لو قلنا "سوريا بين الأردن" ، فهذه جملة غير مقبولة ، لأن (بين) تحتاج ثلاثة أخبار وليس اثنين . ولو قلنا "عدنا أخو" لكانت غير مقبولة أيضاً ، لأن (أخو) تحتاج خبرين وليس خبراً واحداً .

الدلالة والتعريف والتنكير :

١ . الولد مجتهد .

٢ . الولد يتعرض للأمراض مثل البنت .

٣ . انظر هناك ، أرى ولداً يقفز عن السور .

٤ . لابد أن ولداً هو الذي كسر النافذة .

ما علاقة التعبير الدال بالتعبير والتكبير ؟ هل التعريف شرط من شروط التعبير الدال ؟ وهل التنكير يدل على أن التعبير غير دالّ ؟ لننظر في الجمل الأربع السابقة .

في الجملة (١) ، لا شك أن المتكلم يتحدث عن ودل معيّن يشير إليه بإصبعه أو ولد هو موضع الحديث أساساً . إذاً ، (الولد) تعبير دال . في الجملة (٢) ، الحديث هنا ليس عن ولد معين ، بل عن الأولاد والبنات بشكل عام . إذاً ، (الولد) في الجملة (٢) ليس تعبيراً دالاً رغم أنه معرَّف . (أل)

في (الولد) في جملة (١) هـي أل التعريـف ، ولكـن (أل) في (الولد) في جملـة (٢) هي أل الجنس .

في الجملة (٣) ، (ولد) هنا تشير إلى ولد معين رأوه وهو يقفز . إذاً ، (ولد) هنـا هي تعبير الرغم أنها نكرة بالمفهوم النحوي . في الجملة (٤) ، (ولـد) هنـا لا تشير إلى ولد معين ، بل إنه م جهول . إذاً هي ليست تعبيراً دالاً .

وهكذا ، نرى أن (الولد) – رغم أنها معرفة – جاءت مرة تعبيراً دالاً (١) ومـرة جاءت تعبيراً غير دال (٢) . وكلمة (ولد) – رغم أنها غير معرفة – جاءت مرة تعبيراً دالاً (٣) ومرة تعبيراً غير دال (٤) . إذاً ، التعريف ليس شرطاً للتغبير الـدال ، فقد يكـون التعبير الدال معرفة أو نكرة (بالمفهوم النحـوي) . والتنكـير ليس شرطـاً مـن شروط الخبر ٠أي التعبير الإخباري) ، فقد يكن الخبر معرفة أو نكرة .

التعبير الدال والخبر :

هل يجوز أن يكون الخبر جزءاً من التعبير الدال ؟ لننظر في هذه الجمل :

١. وصلت السيارة (الزرقاء) .

٢. انظر إلى القط (الجميل) الذي (في) الزاوية (البعيدة) .

في الجملة (١) ، (السيارة الزرقاء) تعبير دال ، لأنه يشير إلى سيارة معينة . ولكن استخدم المتكلم الخبر (الزرقاء) لتحديد المدلول عليه . هذا مثال على تعبير دال يحتوي على خبر .

في الجملة (٢) ، (القط الجميل في الزاوية البعيدة) تعبير دال يشير على قط معين . و(الزاوية البعيدة) تعبير دال أيضاً . ولكن في كل تعبير دال . وردت أخبار ، مثل (الجيمل) و(في) لتحديد (القط) ومثل (البعيدة) لتحديد (الزاوية) . هذا مثال آخر على تعابير دالة تحتوي على أخبار . والوظيفة التي تقوم بها الأخبار ضمن التعبير الدال هي مساعدة المخاطب في تحديد المدلول عليه الذي يشير إليه التعبير الدال .

لاحظ أن الخبر لا يدلّ ، ولكنه يساعد في تحديد المدلول عليه ، أو - على الأقل - هذا ما يريد له المتكلم أن يفعل .

الجملة العامة :

هناك جمل لا تشير إلى مدلول عليه معينة ، فهي جمل لا تحتوي على تعابير دالة ، لأنها جمل عامة . ويمكن أن ندعوها أيضاً جملاً نوعية لأنها تُعْلِم عن النوع عامة .

١ . المؤمن يحسن إلى الناس .

٢ . البقرة من الثدييات .

٣ . الطائرة أسرع من السيارة .

٤ . القطط تشبه النمور .

٥ . هذه البقرة مريضة .

الجمل الأربع الأولى (١ – ٤) تتحدث عن المؤمن عامة وعن البقرة والطائرة والقطط بشكل عام . إذاً هي جمل عامة تخلو من تعابير دالة . وكما ذكرنا مـراراً وتكـراراً ، التعبـير الدال ليس هو التعبير الذي له معنى ، بل هو التعبير الذي يشير إلى موجود معـين بحـد ذاته . هذه الجمل الأربع نوع خاص من الجمل ، كل منها تدعى جملة عامة . وهي بالطبع مختلفة عن الجملة (٥) ، التي هي ليست جملة عامة ، بل جملة عادية تتألف مـن تعبـير دال (هذه البقرة) ومن خبر (مريضة) .

في اللغة العربية ، يمكن التعبير عن الجملة العامة باستخدام (أل) مع الاسم المفرد (المـؤمن ، البقـرة ، الطـائرة) أو مـع الاسـم الجمـع (جملـة ٤) . في لغـات أخـرى ، قـد تختلف التراكيب المسموحة في الجملة العامة ، كما هو الحال مع اللغة الإنجليزية ، التي تسمح باستعمال النكرة في الجمل العامة . لاحظ أن (أل) المستخدمة في الجمـل العامـة ليست (أل) التعريف لأنها لم تعد تقوم بوظيفة التعريف هنا ، بل هي (أل) الجـنس ، لأنها تشير إلى جنس أو نوع الاسم الذي بعدها .

عالم المحادثة

هناك أشياء كثيرة نتحدث عنها ولكـن ليسـت كلهـا موجـودة في العـالم الخـارجي الحقيقي . بعضها من صنع الخيال ، رغم ذلك فهي موضوع بعض

الجمـل والأقـوال والمحادثـات . مثـال ذلـك شخصيـات بعـض الروايـات والمسرحيـات والمسلسلات ، مثل علي بابا وعلاء الدين ومصباح علاء الدين .

عالم الحديث أو المحادثة قد يكون **عالماً حقيقياً** وقـد يكـون **عالمـاً خياليـاً** . والتعبـير الدال في قول ما هو التعبير الذي يشير إلى أية وحدة ، سواء أكانت هذه الوحدة في العـالم الحقيقي أم في العالم الخيالي .

ومهما كان عالم المحادثة خيالياً ، مثل عالم الصور المتحركة أو عـالم الكاريكـاتير ، فلا يمكنه أ ن يكون خيالياً بالكامل لسببين . أولاً . لا يمكن للمتكلم (أو الكاتب) أن يتحدث عن عالم خيالي خالٍ من أية واقعية لأن عقل المتكلم مربـوط بالواقـع الحقيقـي ولا يمكنـه الإفلات منه بالكامل . ثانياً . لا يستطيع السامع أن يفهم أقوالاً خيالية بالكامل وخالية من الواقعية بالكامل ، لن عقل السامع وثيق الصلة بالواقع في منطلقات التفكير والاستيعاب . كل ما يفعله المتكلم هو أن يدمج الحقيقة بالخيال إذا أراد أن يتحدث عـن عـالم الخيـال ، ولكنه لا يستطيع أن يتنصل من عالم الحقيقة بالكامل .

وإذا أراد المتكلم والسامع أن يتصلا معاً فلابـد أن يوحـدا عـالم المحادثـة بيـنهما . يجب أن يعرفا أن محادثة ما بينما تجري ضمن إطار عالم الحقيقة أو ضمن إطار عـالم الخيال . دون توحدي الإطار ، لا يمكن إتمام الاتصال بين المتكلم والسامع .

وموضوع المحادثة ، الذي هو في الغالب التعبير الدال في كل جملة على حدة ، يعامل كثيراً من التعابير دالة رغم أن المدلول عليه ليس حقيقياً ، بل هم منتمٍ إلى عالم الخيال ، كـ ما ذكرنا ، بل إن هناك توسعاً في التعابير الدالة ، إذ هناك الكثير من التعابير التي لا تدل على موجود حسي ، ورغم ذلك تعامل على أنها تعابير دالة يجري استخدامها في اللغة كما لو كانت تعابير دالة عادية تشير إلى محسوسات فعلية . مثال ذلك التعابير الآتية : اليوم ، الغد ، الأمس ، السنة القادمة ، المسافة بين كذا وكذا ، الساعة التاسعة ، العيد الوطني ، النشيد الوطني ، أي تعبير يشير على مسافة معينة (ثلاثة أميال) أو عدد معين (عشرة آلاف) أو زمن معين (الساعة العاشرة) أو أغنية معينة يمكن أن يكون تعبيراً دالاً إذا استخدم في قول ما في موقف ما .

الكلمات الإشارية :

معظم كلمات اللغة لها معان ثابتة غير مرتبطة بالموقف الذي تستعمل فيه ، أي أنها غير مرتبطة بالمتكلم أو المخاطب أو الزمان أو مكان الكلام . مثال ذلك : باب ، نافذة ، كرسي ،مروحة ، سيارة ، سفينة . هذه الكلمات تعني ما تعني على نحو ثابت دون اعتماد على موقف .و هذا هو حال معظم كلمات أية لغة .

ولكن في كل لغة عدد محدود من الكلمات يعتمد جزء من معناها على الموقف الذي تستخدم فيه ، أي على المتكلم والمخاطب والمكان والزمان الذي

حدث فيه القول . هذه الكلمات تدعى **الكلمات الإشارية** لأنها تنطوي على نوع من الإشارة ، ويمكن أن ندعوها **الكلمات الموقفية** لأن معناها يعتمد على الموقف الذي تستخدم فيه . مثال ذلك ضمير المتكلم في كل اللغات _أنا ونحن في العربية) وضمير المخاطب (أنتَ ، أنتِ ، أنتما ، أنتم ، أنتن) . نلاحظ أن دلالة هذه الضمائر تتغير حسب المتكلم أو المخاطب . فإذا قال زيد "أ ،ا" ، دلت أنا على زيد . ولكن إذا قالت سلمى "أنا" ، دلت هذه الأنا على سلمى . وإذا قلتُ "أنتَ" إلى سليم ، دلت على سليم . ولكن إذا قلتُ "أنتَ إلى سلمان ، دلت على سلمان . الكلمة واحدة ولكن مدلولها (أي المدلول عليه) يختلف من موقف إلى آخر . هذه الضمائر دلالتها تعتمد على المتكلم والمخاطب .

ومن أمثلة الكلمات الإشارة (أي الموقفية) أسماء الإشارة (هذا ، هذه ، كذلك ، تلك ، أولئك ، هؤلاء . .الخ) . لو كنتُ في دمشق وقلتُ "هذه المدينة" ، فإن (هذه المدينة) تشير إلى دمشق . ولكن لو كنتُ في بغداد وقلتُ "هذه المدينة" ، لدلّت (هذه المدينة) على بعداد . التعبير واحد ولكن مدلوله يعتمد على مكان القول . وأسماء الإشارة كلمات إشارية بحكم اسمها وتعريفها ، ودلالتها تعتمد على مكان القول ، وتشبه كلمة (هنا) أسماء الإشارة ، حيث إن معناها يعتمد على مكان القول . إذا قلتَ (هنا) في غرفة الصف ، فإن مدلول (هنا) هو غرفة الصف . ولكن إذا قلت (هنا وأنت في بيتك ، فإن مدلول (هنا) يصبح بيتك . مدلول (هنا) يتغير حسب مكان القول .

وهناك كلمات إشارية يعتمد معناها على زمان القول ، مثل الأمس واليوم والغد والآن . إذا قلتَ "أمسِ" يوم الجمعة ، فإن (أمس) تدل على يوم الخميس . ولكن إذا قلتَ "أمس" يوم السبت ، فإن (أمس) تدل على يوم الجمعة . وهكذا ، إن دلالة (أمس) تعتمد على زمان قولها . وينطبق الأمر ذاته على (الغد) و(اليوم) و (الآن) . كلها تعتمد دلالتها على زمان قولها .

وهناك كلمتان من الأفعال تعتبران كلمتين إشارتين أيضاً ، هما جاء وذهب ، فإذا كنت في الرياض وطلبتَ من شخص خارج الرياض أن يأتي إليك ليزورك في الرياض ، تقول له "جئ إلى الرياض" أو "احضر" إلى الرياض" ، ولا تقول له "اذهبْ إلى الرياض" . ولكن إذا كنتَ خارج الرياض وأردت منه أن يزور الرياض، تقول له "اذهب إلى الرياض" ولا تقول له "جئ" .

تستعمل (جاء) إذا كانت حركة المخاطب باتجاه المتكلم . وتستعمل (ذهب) إذا كانت حركة المخاطب في غير اتجاه المتكلم . إذا قلت لشخص "اذهب" إلى المدرسة" ، فأنتَ لست في المدرسة . ولكن إذا قلتَ له "جئْ إلى المدرسة" ، فأنت في المدرسة . إذاً ، دلالة كل من هاتين الكلمتين (جاء وذهب) تعتمد جزئياً على مكان المتكلم والمخاطب وعلى اتجاه الحركة المطلوبة .

ونظراً لاعتماد دلالة الكلمات الإشارية على الموقف ، نضطر إلى تبديل هذه الكلمات عند تحويل القول من الصيغة المباشرة إلى الصيغة غير

المباشرة للكلام . مثلاً ، قال "إنني سأنجز الأمر هنا اليوم" . إذا أردنا تحويل هذا القول المباشر إلى كلام غير مباشر فإن التحويل يؤثر في الكلمات الإشارية ويصبح القول هكذا : قال إنه سينجز الأمر هناك ذلك اليوم .

وهكذا ، نلاحظ أن الكلمات الإشارية في القول المباشر قد تحولت على النحو التالي :

ي ← هـ

أُنجزُ ← يُنجزُ

هنا ← هناك

اليوم ← ذلك اليوم

تغيرت الكلمات الإشارية في القول المباشر وتحولت إلى كلمات تناسب القول غير المباشر لأن زمان القول المباشر ومكانه يختلفان عن زمان ومكان القول غير المباشر . عندما قال القائل ما قال ، كان قوله في زمان غير زمان الراوي وكان مكانه غير مكان الراوي . بما أن زمان الرواية ومكانها يختلفان عن زمان ومكان القول المباشر (الذي قاله القائل الأول) ، يجب أن تتحول الكلمات الإشارية لتناسب المكان الجديد والزمان الجديد .

الامتداد :

ما هو امتداد الكلمة ؟ ماذا تغطي الكلمة ؟ كلمة (سيارة) تمتد لتغطي جميع السيارات في العالم ، السيارات في الماضي

والحاضر والمستقبل . امتداد الخبر هو جميع الأشياء المحتملة التي يمكن أن تكون مدلولاً لذلك الخبر .

والامتداد يختلف عن المعنى في أمرين . أولاً ، الامتداد للكلمة هو مجموعة موجودات تدل عليها الكلمة ، في حين أن المعنى لا يدل على أية مجموعة من أي نوع . ثانياً ، الامتداد يربط الكلمة بالعالم الخارجي ، في حين أن المعنى يربط الكلمة بسواها من كلمات اللغة ذاتها . من ناحية أخرى ، الامتداد يتشابه مع المعنى من حيث أن كليهما غير مرتبط بمناسبة أو موقف أو قول معين .

والامتداد يختلف عن الدلالة في أمرين ويتشابه معها في أمر واحد . الاختلاف الأول هو أن الامتداد يشمل مجموعة في حين أن الدلالة لا تشمل مجموعة ، بل هي علاقة بين التعبير الدال والمدلول عليه . الاختلاف الثاني هو أن الامتداد غير مربوط بموقف أو مناسبة أو قول ، في حين أن الدلالة تعتمد على قول مربوط بموقف محدد أو مناسبة محددة . أما التشابه بين الامتداد والدلالة فهو أنهما يربطان اللغة بالعالم الخارجي .

بالطبع ، إن الكلمة ومعناها وامتدادها ودلالتها ومدلولها مصطلحات مترابطة وإن كانت غير مترادفة . إن معرفة معنى الكلمة يساعد في معرفة امتدادها ، فهذه علاقة المعنى بالامتداد . كما أن مدلول الكلمة هو أحد أفراد امتدادها . لنأخذ كلمة (قط) على سبيل المثالز لتعرف امتدادها يجب أن تعرف معناها . فإذا استخدمتها في تعبير دال ، صار لها دلالة وصار لها مدلول محدد في العالم الخارجي ، وهو قط معين ، وكان مدلولها (أي القط المعين) أحد أفراد امتداد (القط) .

والامتداد ليس للكلمات التي هي أسماء فقط ، مثل سيارة ، بيت ، شجرة ، مدرسة ، سفينة ، طائرة . ولكن الامتداد يمكن أن يكون للصفات، كلمة (أحمر) مثلاً لها امتداد ، وامتدادها كل شيء أحمر كان أو يكون أو سيكون ، أي كل شيء أحمر في الماضي والحاضر والمستقبل . كلمة (أحمر) تغطي كل شيء أحمر في جميع الأزمان . ولذلك ، من الممكن أن نسمي الامتداد تغطية ، إذا شئتَ . **تغطية الكلمة** (أو امتدادها) هو مجموعة مدلولاتها المحتملة في أي مكان وأي زمان .

وليس الامتداد دائماً واضحاً محدداً بشكل لا لبس فيه . هناك حالات ضبابية غير واضحة . مثلاً ، هل هناك فصل أكيد واضح بين امتداد (شجرة) وامتداد (شجيرة) ؟ ألا يحدث أحياناً أن نحتار فندعو الشجرة شجيرة والشجرة شجرة ؟ هل هناك فصل قاطع بين امتداد (جبل) وامتداد (تلّ) ؟ ألا يحدث أننا نحتار أحياناً في أن نلحق شيئاً بالجبال أم بالتلال ؟

النموذج :

عندما نحتار في امتداد كلمة ، يكون السبب هو أننا لم نتوصل إلى إجابة دقيقة عن هذا السؤال : ما الذي يجعل كذا كذا ؟ عودة إلى أمثلتنا السابقة ، ما الذي يجعل الشجرة شجرة والشجيرة شجيرة ؟ ما الذي يجعل الجبل جبلاً والتل تلاً ؟ ما هي الصفات الأساسية في كل حالة ؟

هذا الأمر يحتم علينا الرجوع إلى مفهوم (النموذج) ، الذي هو أحد الموجودات الذي يصلح أن يكون مثالاً نموذجياً لما يمكن أن يدل عليه

التعبير . مثلاً ، رغم أن عجل البحر يعيش في البحر مثل سائر الأسماك ، إلاّ أنه لا يصلح أن يتخذ نموذجاً للأسماك بشكل عام . ورغم أن النعامة طير له أجنحة مثل سائر الطيور ، إلاّ أنها ليست نموذجاً للطيور بشكل عام . ورغم أن النخلة شجرة ، إلاّ أنها ليست نموذج الأشجار بشكل عام . ذلك لأن معظم الأسماك لا تبدو مثل عجل البحر ، ومعظم الطيور لا تبدو مثل النعامة ، ومعظم الأشجار لا تبدو مثل النخلة .

العملاق رجل والقزم رجل . ولكن العملاق ليس نموذجاً لرجل ، لأن معظم الرجال لا يبدون مثل العملاق ، والقزم ليس نموذجاً للسبب نفسه .

وهكذا ، هناك فروق واضحة بين المدلول والامتداد والنموذج . المدلول هو موجود يدل عليه تعبير دالّ قيل في موقف معين . أما الامتداد فهو مجموع المدلولات المحتملة لخبر ما دون ارتباط بموقف معين . وأما النموذج فهو عضو نموذجي ضمن الامتداد . عندما أقول "الشجرة" مدلولها هو شجرة معينة بذاتها أشير إليها . وأما امتداد (شجرة) فهو جميع الأشجار في العالم في الماضي والحاضر والمستقبل . وأما نموذج الشجرة فهو شجرة مثالية نمطية عادية تشكل أحد أفراد الامتداد .

تماري (٢)

أ . أنواع التعابير أربعة : دالة دائماً ، إخبارية دائماً ، دالة أو إخبارية حسب الموقف (مشتركة) ، ورابطة . بين نوع كل تعبير مما يلي :

١ . عاصمة إيطاليا ‎ ـــــــــ

٢ . عثمان بن عفان ‎ ـــــــــ

٣ . بأمانة ‎ ـــــــــ

٤ . بدقة ‎ ـــــــــ

٥ . مشتاق ‎ ـــــــــ

٦ . إذا ‎ ـــــــــ

٧ . و ‎ ـــــــــ

٨ . مهندس ‎ ـــــــــ

ب . ضع خطاً تحت الخبر (بمعناه الدلالي وليس النحوي) في الجمل الآتية :

٩ . العاصمة تقع على شاطئ البحر .

١٠ . أكل الرجل الطعام .

١١ . سيارته حمراء .

١٢ . إنه في كندا .

جـ . ضع خطاً تحت التعابير الدالة في الأقوال الآتية :

١٣ . "هو طبيب ماهر".

١٤ . "خالد بن الوليد قائد بارع ."

١٥ . "أنتَ أمهر منه في السباحة ."

١٦ . "الطائرات تشبه الطيور ."

د . في الجمل ١٣ – ١٦ ، اذكر الأخبار المحتملة في كل جملة :

١٧ . في جملة ١٣ : ‎ ـــــــــــــــــــــ

١٨ . في جملة ١٤ : ________

١٩ . في جملة ١٥ : ________

٢٠ . في جملة ١٦ : ________

هـ . هل الجمل الآتية تعادلية أم لا ؟

٢١ . زين الشباب أبو فراس . نعم لا

٢٢ . أسرع المتسابقين عليّ . نعم لا

٢٣ . عليّ في البيت . نعم لا

٢٤ . الطبيب لم يحضر . نعم لا

و . بين درجة الخبر الذي تحته خط .

٢٥ . سأل الوالدُ أباه سؤالين ________

٢٦ . طار العصفور . ________

٢٧ . القصة مسلية . ________

٢٨ . جاء أبو صديقي . ________

٢٩ . الكرة فوق الشجرة . ________

ز . هل ما تحته خط تعبير دال أم خبر ؟

٣٠ . ما أجمل هذه الحديقة ! ________

٣١ . إن حديقته الجميلة تحتاج إلى مزيد من العناية . ________

٣٢ . الماء أساسي للحياة . ________

٣٣ . إنه يعمل مهندساً . ________

٣٤ . عادل رجل أمين . ________

ح . هل الجمل الآتية خاصة أم عَامة ؟

٣٥ . القرد من الثديات . __________

٣٦ . هذا الطائر جميل . __________

٣٧ . الكائنات إما أحياء وإما جمادات . __________

٣٨ . اشترى البيت الذي في الضاحية . __________

٣٩ . النبات يختلف عن الحيوان . __________

ط . ضع خطاً تحت الكلمة الإشارية :

٤٠ . "أنا أتفق معك في هذا الرأي ."

٤١ . "سوف نجتمع هنا ."

٤٢ . "إنه غير موجود الآن ."

٤٣ . "اذهب إليه اليوم أو غداً ."

ي . ضع (نعم) في حالة الصواب و (لا) في حالة الخطأ بمحاذاة كل مما يلي :

٤٤ . الامتداد مثل المعنى يربط الكلمة بالعالم خارج اللغة . نعم لا

٤٥ . الامتداد لا يرتبط بالموقف . نعم لا

٤٦ . الامتداد والدلالة يربطان الكلمة بالعالم الخارجي . نعم لا

٤٧ . معنى الكلمة يرادف دلالتها . نعم لا

٤٨ . دلالة الكلمة ترادف مدلولها . نعم لا

٤٩ . معرفة المعنى تساعد في تحديد الامتداد . نعم لا

٥٠ . الامتداد للأسماء وليس للصفات . نعم لا

٥١ . المدلول مرتبط بموقف .   نعم   لا

٥٢ . النموذج يرتبط بموقف .   نعم   لا

٥٣ . النموذج أحد أعضاء الامتداد   نعم   لا

مفتاح الإجابات (٣)

١. دالة دائماً .

٢. دالة دائماً

٣. إخبارية دائماً

٤. إخبارية

٥. مشتركة (مشتاق اسم علم أو صفة)

٦. رابطة

٧. رابطة

٨. مشتركة (حسب الموقف)

٩. تقع على

١٠. أكل

١١. حمراء

١٢. في

١٣. هو

١٤. خالد بن الوليد

١٥. أنت ، هـ

١٦. لا يوجد تعبير دال عنا (لأن الجملة عامة) .

١٧. طبيب ، ماهر

١٨. قائد ، بارع

١٩. أمهر

٢٠. الطائرات ، الطيور

٢١. نعم

٢٢. نعم

٢٣. لا (لأنه لابد من تعبيرين دالين بدلان على مدلول واحد) .

٢٤. لا

٢٥. ثلاثي (لأنها تحتاج سائلاً ومسؤولاً وسؤالاً) .

٢٦. أحادي

٢٧. أحادي

٢٨. ثنائي

٢٩. ثنائي (لأنها تحتاج تعبيرين دالين)

٣٠. تعبير دال

٣١. خبر

٣٢. ليست تعبيراً دالاً ولا خبراً

٣٣. خبر

٣٤. خبر

٣٥. عامة

٣٦. خاصة

٣٧. عامة

٣٨. خاصة

٣٩. عامة

٤٠. أنا ، ك ، هذا

٤١. هنا

٤٢. الان

٤٣. اليوم ، غداً

٤٤. لا ، لأن المعنى يربط الكلمة بالكلمات داخل اللغة .

٤٥. نعم

٤٦. نعم

٤٧. لا ، المصطلحان مختلفان .

٤٨. لا ، الدلالة تختلف عن المدلول .

٤٩. نعم

٥٠. لا ، الامتداد لهما معاً .

٥١. نعم

٥٢. لا

٥٣. نعم

الفصل الثالث

مفهوم المعنى

المعنى هو جوهر الاتصال .ولابد أن يتفق متكلمو لغة ما على معـاني كلماتها ، وإلاّ فإن الاتصال بينهم صعباً جداً أو مستحيلاً أحياناً ، لنفترض أنك قلت "إن الإنسـان بحاجـة إلى الماء والغذاء" . لتكون مفهوماً ، من المفـترض أن السـامع يشـاطرك الفهـم ذاتـه لمعـاني كلمات الجملة . أما إذا قال لك السامع "ماذا تعني بالإنسان ؟ وماذا تعني بكلمـة حاجـة ؟ وماذا تقصد بالماء ؟ وما هو الغذاء" ، فإن الاتصال معه يصبح شبه مستحيل بعد كل هذه الاختلافات بشأن معاني الكلمات .

معنى الكلمة أساساً لا يعتد على الموقف ، بل يعتمد عـلى علاقـة الكلمـة بالكلمات الأخرى في اللغة ذاتها .

المعنى التحليلي والمعنى التركيب :

انظر إلى هذه الجمل :

١.   الفيل حيوان .

٢.   الخسّ نوع من الخضار .

٣. الأعزب رجل غير متزوج .

٤. الأرملة امرأة مات زوجها .

٥. المعلمة أنثى .

٦. الباب مدخل لدخول المكان .

٧. عدنان عمره أربعون سنة .

٨. المسافة بين الأرض والشمس ٩٣ مليون ميل .

٩. توجد في العالم ثلاثة آلاف لغة تقريباً .

١٠. والده يعمل في المحاماة .

١١. المعدل التراكمي لسلمان ٧٨ حتى الآن .

إذا نظرنا في الجمل السابقة ، نلاحظ أن الجمل الست الأولى (١-٦) تختلف عن الجمل الباقية (٧-١١) . مثلاً ، الفيل حيوان . هذه الجملة صادقة بذاتها ، إنها صادقة داخلياً ، صادقة بحكم تعريف الفيل إذ لا يوجد فيل ليس حيواناً ، ولا يمكن لهذه الجملة إلاّ أن تكون صادقة . إنها صادقة بحكم العلاقات بين معاني كلمات الجملة . مثل هذه الجملة تدعى **جملة تحليلية** . وهكذا ، فإن الجمل (١-٦) هي جمل تحليلية ، لأنها صادقة بالضرورة وصدقها من داخلها ، ولا تحتاج إلى استقصاء في العالم الخارجي لإثبات صدقها . والصدق هنا هو مطابقة المعنى للواقع ، أي مطابقة المعنى للحقيقة .

انظر إلى الجمل (٧-١١) . هل يمكنك أن تنظر إلى الجملة (٧) وتقول هي صادقة بمجرد التدقيق في الجملة ذاتها ؟ بالطبع لا . يجب عليك إذا أردت التحري عن صدقها أن تسأل عدنان نفسه عن عمره أو تطلب منه

إبراز شهادة ميلاده . لا شيء في الجملة ذاتها يثبت صدقها أو عدم صدقها . صدق هذه الجملة يثبت بالتدقيق في العالم الخارجي . فإن طابقت الجملة العالم الخارجي فهي صادقة ، وإن خالفته فهي غير صادقة . مثل هذه الجملة تدعى **جملة تركيبية** . وجميع الجمل (٧-١١) هي جمل تركيبية .

الجملة التحليلية صادقة دائماً ، صادقة بالضرورة لأن صدقها ناجم عن حتمية العلاقات بين كلمات الجملة . مثلاً ، الأعزب رجل غير متزوج . هل يشك أحد في صدق هذه الجملة ؟ بالطبع لا . هل هناك أعزب متزوج ؟ لا . هل تحتاج إلى تحريات خارج الجملة لتعرف إن كانت صادقة أم لا ؟ لا . إنها صادقة بذاتها وبحكم علاقاتها الداخلية ، أي العلاقات بين كلمات الجملة ذاتها .

الجملة التركيبية قد تكون صادقة أو غير صادقة حسب تطابقها مع العالم الخارجي وحقائقه . فإن طابقته ، كانت صادقة . وإن لم تطابقه ، كانت غير صادقة .

الجملة المتناقضة :

انظر إلى هذه الجمل :

١. ليس الفيل حيواناً .

٢. ليس الخسّ نوعاً من الخضار .

٣. ليس الأعزب رجلاً غير متزوج .

٤. ليست الأرملة امرأة مات زوجها .

٥. ليست المعلمة أنثى .

٦. ليس الباب مدخلاً لدخول المكان .

هذه الجمل الست (١ – ٦) هي نفي للجمل التحليلية (١ – ٦) التي وردت تحت العنوان الفرعي السابق . إذا نفينا الجملة التحليلية ، كانت النتيجة **جملة متناقضة** . والجملة المتناقضة دائماً غير صادقة ، لأنها تنفي الجملة التحليلية الصادقة دائماً .

إذا نظرنا إلى الجمل (١ – ٦) نجد أنها جميعاً غير صادقة بالضرورة . وعدم صدقها ليس ناشئاً عن مخالفتها للواقع أو لحقائق العالم الخارجي . عدم صدقها ناشئ عن ت ناقض داخلي في الجملة ذاتها . إن الجملة (١) ، مثلاً ، تنفي أن الفيل حيوان ، والفيل بحكم معناه هو حيوان . فإذاً ، هذه الجملة تنفي حقيقة لغوية ، فالحيوانية من سمات معنى الفيل . حيث أن الجملة التحليلية صادقة دائماً . وحيث أن الجملة المتناقضة نافية للجملة التحليلية ، إذاً ، فإن الجملة المتناقضة غير صادقة بالضرورة .

إذا كانت الجملة المتناقضة مثبتة ، فإن إضافة أداة نفي تجعلها جملة تحليلية . مثال : الفيل نبات ⟵ الفيل ليس نباتاً . وإذا كانت الجملة المتناقضة منفية ، فإن حذف أداة النفي يجعلها جملة تحليلية .

مثال : الفيل ليس حيواناً ⟵ الفيل حيوان .

إذا دققنا النظر في الجملة التحليلية والجملة التركيبية والجملة

المتناقضة ، نجد أن الجملة التركيبية وحدها هي التي يمكن أن تكون **جملة إعلامية أو جملة مُعْلِمة** ، أي جملة تقدم للسامع معلومات عن العالم الخارجي ، كما في الجمل (٧- ١١) تحت العنوان الفرعي السابق . أما الجمل التحليلية والجمل المتناقضة فهي لا تقدم للسامع معلومات عن العالم الخارجي ، وهي بذلك ليست جملاً إعلامية أو مُعْلِمة .

إضافة إلى ذلك ، إن سمات **التحليلية والتركيبية والمتناقضية** هي سمات لمعاني الجملة ، وليست سمات لمعاني الكلمات .

المعنى المفرداتي والمعنى القواعدي :

على مستوى الجملة ، معنى الجملة يتكون من معاني مفرداتها محكومة بمعانيها القواعدية (النحوية والصرفية) . مثال : قتل الرجل الأسد . هذه الجملة يتكون معناها الكلي من العناصر الآتية :

١ . **المعاني المفرداتية** : لو أبدلنا كلمة (قتل) بكلمة (ركب) لتغير معنى الجملة . وهذا يدل على أهمية المعنى المفرداتي في تكوين معنى الجملة .

٢ . **المعاني الصرفية** : (الرجل) مفرد ، و لست (الرجال) ، وكذلك (الأسد) مفرد ، وليست (الأسود) ، الرجل معرفة ، وليست (رجل) ، وكذلك (الأسد) . الإفراد والتثنية والجمع والتعريف والتنكير محددات صرفية تساهم في تكوين معنى الجملة .

٣ . **المعاني النحوية .** (الرجلُ الأسدَ) تختلف عن (الأسدُ الرجلَ) . وهذا عامل نحوي له تأثير حاسم في المعنى . فالترتيب الأول يجعل الرجل قاتلاً والترتيب الثاني يجعل الرجل مقتولاً . وشتان بين القاتل والمقتول!! كل ذلك بضمة أو فتحة أو تقديم أو تأخير .

المعنى والسياق :

إن الكلمة تؤثر في معنى الجملة . ولكن ، أحياناً يحدث العكس : الجملة تؤثر في معنى الكلمة . وهذا ما يعرف **بالمعنى السياقي .** كثير من الكلمات يختلف معناها حسب **السياق اللغوي** الذي تقع فيه . ويحدث أن نفهم كلمة ما ، ونحن نقرأ ، على نحو ما ، ثم نعدل معناها في ضوء السياق اللغوي التالي . ولذلك فنحن لا نقرأ دائماً باتجاه واحد ، كثيراً ما نعود إلى الخلف لتعديل ما فهمن في ضوء ما يستجد في أثناء عملية القراءة . وإذا كان لكلمة ما عدة معانٍ غير سياقية ، فإن السياق اللغوي هو الذي يحدد المعنى المقصود من بين تلك المعاني . مثال ذلك :

١. قرأت الفصل الخامس من الكتاب .

٢. إن الربيع هو أجمل فصل من فصول السنة .

٣. إننا الآن في الفصل الأول من هذا العام الدراسي .

٤. شاهدنا الفصل الثاني من المسرحية .

٥. لم يستلم قرار الفصل من العمل .

٦. إنه لقولٌ فصل .

نلاحظ في الجمل الست السابقة أن كلمة (الفصـل) يتغير معناهـا مـن جملـة إلى أخرى ، ويتحدد المعنى في كل حالة حسب السياق اللغوي .

المعنى والمؤثرات الخارجية :

معنى الجملة لا يتحدد دائماً وبشكل مطلق بمفرداتها ومعناها القواعدي . فهنـاك مؤثرات خارج الجملة قد تؤثر في معناها قليلاً أو كثيراً . من هذه المؤثرات ما يلي :

١ . **الحركات الجسمية** . عندما يتكلم المرء قد يحرك يـده أو يديـه ، يحـرك رأسـه ، أصابعه ، عينيه ، وجسمه . هذه الحركات الجسمية المصاحبة للكلام قد تـؤثر في معنـى الجملة بطريقة أو بأخرى . بل في بعض الأحيان ، قد تناقض هذه الحركات معنى الجملـة . وفي الغالب ، تؤكد هذه الحركات معنى الجملة؛ ولكـن ، كمـا ذكرتُ ، قـد تفيد معنـى مناقضاً لمعنى الجملة .

٢ . **انفعالات الوجه** . إن الوجه يبدي انفعالات متعـددة في أثنـاء الكـلام ، مـن مثـل الندم والسرور والحزن والأسف والشوق والعتـاب واللـوم والتهديـد والغضب والضعف . وكثير من هـذه الانفعالات تظهـر في العينين اللتين هـما مـرآن الـنفس . كمـا قـد تظهـر الانفعالات في الشكل الذي تتخذه الشفتان سروراً أو حزناً . كما تظهر الانفعالات في شكل ودرجة توتر عضلات الوجه .

٣ . **النغمة العامة** . إذا استمعت إلى صوت شخص يتكلم دون أن تراه ، تستطيع من نغمة صوته أن تعرف نوع انفعالاته . فالنغمة في الصوت تكشف

الحالة النفسية للمتكلم : هل هو حزين أم مسرور أو غاضب أو متوتر أم آسف أم ماذا ؟

٤ . **أدوار المتخاطبين** . العلاقة بين المتكلم والسامع تـؤثر في معـاني الجمـل المتبادلـة بينهما . ومن أمثلة هذه العلاقات الفاعلة ما يـلي : أستاذ ← طالب ، أب ← ابـن ، زوج ← زوجـة ، أم ← ابـن ، رئـيس ← مـرؤوس ، صديق ← صديق . كما أن اتجاه العلاقة مهم في هذه الحالة : أستاذ ← طالب أم طالب ← أستاذ ؟ أب ← ابن أم ابن ← أب ؟

٥ . **العلاقة السابقة للتخاطب** . مما يؤثر في معاني الجمل و ردود الفعل عليه العلاقة السـابقة للتخاطب . هل العلاقة بين المتخاطبين علاقة ودية أم علاقة متـوترة ؟ هـل هـي علاقة مواءمة أم علاقة مواجهة ؟ هذه العوامل النفسية تؤثر في فهم كل مهما للآخر .

٦ . **البيئة المادية المحيطة** . إن البيئة المادية المحيطة بالمتخاطبين قد تؤثر في التركيب النحوي ،حيث إن المتخاطبين قد يكتفيان بالإشارة إلى مكونات البيئة المادية دون التصريح بها في السياق اللغوي .

المعنى النسبي :

هناك في اللغة **كلمات نسبية** ذات معنـى نسـيب ، مثـل قريـب ، بعيـد ، صـغير ، كبير ، ثقيل ، خفيف ، سهل ، صعب ، كثير ، قليل ، قصير ، وطويل . وتظهر نسبية هذه الكلمات على النحو التالي :

١ . يختلف التقدير بشأن الكلمات النسبية من فرد إلى آخر . فما هو قريب في نظرك قد يكون بعيداً في نظر سواك ، على سبيل المثال .

٢ . يختلف التقدير بشأنها من وقت لآخر . فما تقول عنه (قريب) اليوم قد تقوم عنه (بعيد) غداً . الأمر يتوقف على الحالة النفسية للمتكلم وعلى سياق المحادثة العام .

٣ . يختلف التقدير بشأنها حسب الموصوف . وعلى سبيل المثال ، الفيل الصغير أكبر من الأرنب الكبير . هنا صار (الصغير) أكبر من (الكبير) بسبب المعاني النسبية لهذه الكلمات .

ونلاحظ أن الكلمات النسبية في الغالب صفات في الأساس ، ولكن يمكن أن تكون أفعالاً مثل بَعُد ، كَثُرَ ، وقَلَّ ، كما أنها تدل في الغالب على مسافة أو وزن أو عدد أو حجم .

المعنى النفسي :

الكلمة في اللغة لها **معنى أساسي** يدعوه البعض **المعنى الدلالي** . وهو **المعنى المعجمي** أو **المعنى القاموسي** الذي تدل عليه الكلمة . وهو معنى موضوعي عام مشترك بين أهل اللغة لا يختلف من شخص لآخر ، غير أن بعض الكلمات اللغة لها معنى عاطفي وجداني إضافة إلى معناها الدلالي الأساسي . ومن أمثلة الكلمات الغنية **بالمعنى الوجداني** أو المعنى النفسي :

وطن ، أم ، وفاء ، صداقة ، ابن أخ ، وصديق . كل كلمة من هذه الكلمات لها معنى أساسي مصحوب بشحنة غنية من العواطف ، فالوطن هو أساسً مكان الولادة أو بلد السكن والانتماء ، ولكنه أيضاً مكان الذكريات والأمن والاستقرار وموئل الأهل والأحياء . والأم أساساً هي الوالدة ، ولكنها أيضاً رمز للعطاء والحنان .

والمعنى الوجداني قد يكون عاماً وقد يكون خاصاً . **المعنى الوجداني العام** معنى مشترك بين أهل لغة ما ، مثل المعنى الوجداني المصاحب لكلمات أب ، أخ ، وطن ، حيث إن جميع الناطقين بالعربية يشتركون في فهم المعاني الوجدانية المرتبطة بهذه الكلمات . أما **المعنى الوجداني الخاص** فهو معنى يعتمد على تجربة خاصة لفرد ما . فلو أن طفلاً تعرض لعضة كلب ، فإن كلمة (كلب) تكتسب معنى وجدانياً سلبياً لدى ذلك الطفل .

والمعاني الوجدانية أو النفسية نوعان : إيجابية وسلبية . **فالمعاني الايجابية** تشمل عواطف من مثل الوفاء والحنان والصداقة والأخوة والسعادة والسرور والرضا والارتياح . **والمعاني السلبية** تشمل حالات من مثل الغدر والعدوان والشقاء والغضب والسخط .

المعنى والتعريف :

كيف يمكن أن نحدد معنى كلمة أو نعرفه أو نشرحه ؟ هناك عدة طرق لتحقيق ذلك :

١ . **التعريف الوصفي** : أن نعطي وصفاً للمعرَّف . مثلاً الحوت هو أكبر حيوان بحري طوله قد يصل إلى ثلاثين متراً وعرضه قد يصل إلى ستة أمتار . . . إلخ .

٢ . **التعريف الوظيفي** : أن نعطي وظيفة المعرَّف . مثلاً ، حرف الجر هو أداة تسبق الاسم وتجره .

٣ . **التعريف الإشاري** : أن نشير إلى المراد تعريفه . مثلاً ، العندليب هو ذاك .

٤ . **التعريف الترتيبي** : أن نعرف عن طريق بيان الترتيب أو الموقع . مثلاً ، السبت يوم يقع بين الجمعة والأحد .

٥ . **التعريف الترادفي** : أن نعطي المرادف . مثلاً ، غني تعني ثري .

٦ . **التعريف التضادي** : أن نعطي كلمة مضادة . مثلاً ، غني ضد فقير .

٧ . **التعريف الانضوائي** : أن نبين العلاقة الانضوائية بين كلمة وأخرى . مثلاً ، التفاح نوع من الفواكه .

المعنى والنمط :

وسنخص التعريف الوصفي هنا بمزيد من التحليل . ليكون التعريف الوصفي محدداً بشكل كافٍ ، يجب أن يشمل العدد الكافي من الصفات الضرورية لتحديد المدلول . مثلاً ، إذا قلنا أن المربع شكل له أربعة أضلاع ،

فهذا التعريف لا يعتبر كافياً ، لأنه اشتمل على صفتين فقط (شكل ، أربعة أضلاع) وهاتان الصفتان غير كافيتين لتعريف المربع على وجه الحصرـ ، حيث إن هناك أشكالاً عديدة ذات أربع أضلاع أيضاً مثل المستطيل ومتوازي الأضلاع والمعين .

وهكذا ، لابد للتعريف الوصفي الحصري أن يكون كافياً بحيث ينطبق على الموصوف من ناحية ويستثني سواه من ناحية أخرى . إذا عدنا إلى تعريف (المربع) ، فلا بد أن نقول إنه شكل مستوٍ ، له أربعة أضلاع متساوية وأربع زوايا قائمة ، متساوي ومتعامد القطرين . وبذلك يتحدد التعريف فينطبق على الموصوف تماماً ويحدده تماماً ويستثني سواه استثناءً كاملاً .

التعريف الوصفي هو تعريف يذكر جميع سمات المعنى الضرورية . وهو قائمة بالصفات المثالية الأساسية للمدلول عليه . ويمكن أن ندعو هذه القائمة النمط .

وهنا : للتذكير ، لابد من التأكيد على الفروق بين المصطلحات الآتية : الامتداد والنموذج والمعنى والنمط :

١ . الامتداد مجموعة موجودات ، ولكن النموذج واحد منها .

٢ . الامتداد محسوس ، ولكن المعنى مجرد .

٣ . النموذج محسوس ، ولكن النمط مجرد .

٤ . المعنى والنط مجردان ، ولكن الامتداد والنموذج محسوسان .

٥ . الامتداد والمعنى يتعلقان بجميع الحالات ، ولكن النموذج والنط يتعلقان بالحالات المثالية .

المعنى الأساسي والمعنى الإضافي :

لكل كلمة معنى أساسي هو المعنى القاموسي الذي تحمله ويتفق عليه متكلمو اللغة الأصليون . ويمكن أن ندعوه المعنى المفهومي أو المعنى الإدراكي .

ولكن كثيراً من الكلمات تحمل معنى آخر بالإضافة على المعنى الأساسي . هذا المعنى يدعى المعنى الإضافي أو المعنى الثانوي . ويظهر هذا المعنى عند إجراء التشبيه وخاصة عند حذف وجه الشبه . هنا يبرز المعنى الإضافي المقترن بكلمة ما . انظر إلى هذه الجمل :

١ . تصرفوا مثل الغنم .   (في الانقياد)

٢ . كان كالفأر .   (في الجُبْن)

٣ . كانوا مثل الأسود .   (في الشجاعة)

٤ . كانت مثل النحلة .   (في النشاط)

٥ . كان جزاراً .   (في القسوة)

٦ . هذا الحانوت مثل الصيدلي .   (في الغلاء)

٧ . إنها مثل وردة .   (في الجمال)

٨ . إنه حاتم الطائي .   (في الكرم)

هنا برز لكل كلمة مما سبق معنى إضافي ، فشاع الانقياد عـن الغـنم ، والجـبن عـن الفأر ، والشجاعة عن الأسد ، والنشاط عـن النحلـة ، والقسـوة عـن الجـزار ، والغـلاء عـن الصيدلية ، والجمال عن الوردة ، والكرم عن حاتم .

هذه المعاني ليست أساسية لتلك الكلمات ، فالانقياد ، مثلاً ، ليس من السمات الأساسية للغنمة . هذه المعاني هي معانٍ إضافية .

المعنى الأسلوبي :

كثير من الكلمات تحمل من المعنى ما يدل على مستوى الكلام وأسلوبه وواسطته . هل تستخدم الكلمة في الكتابة أم المحادثة أم الخطابة ؟ مثلاً ، (أيها الناس) ليست للمحادثة بل للخطابة . هل الكلمة ذات مستوى رسمي أم عامي أم مبتذل ؟ هناك كلمات مبتذلة لا يجوز استخدامها في موقف رسمي . هل الكلمة ذات استخدام نثري أم شعري ؟ مثلاً ، (يا صاحِ) تستخدم في الشعر وليس في النثر .

وتظهر مستويات الاستعمال وظلال المعنى الأسلوبي في الكلمات : مثل أمي/ ماما ، والدي/ دادي ، أبي/ بابا ، كريمته/ ابنته/ بنته (في العامية) ، عقيلته/ حرمه/ زوجته/ امرأته / مرته (في العامية) .

المعنى الصوتي :

بعض الكلمات صوتها يشارك في صنع معناها . مثال ذلك خرير (الماء) ، همس ، مُواء (القط) ، عواء (الكلب) ، هدير (الموج)، زئير (الأسد) ، صليل (السيف) ، زعيق ، نعيق ، صرير ،

أزيز (الرصاص) ، وفحيح (الأفعى) . هذه الكلمات شكلها الصوتي يتماثل مع مدلولها في العالم الخارجي ولو تماثلاً جزئياً . وهي كلمات موجودة في معظم اللغات ، وهي تثبت نظرية مفادها أن بعض الكلمات قد نشأت عن طريق تقليد الإنسان للأصوات التي يسمعها في الطبيعة ، أصوات الحيوانات و أصوات الأشياء وأصوات الأحداث . وهي بالطبع كلمات محدودة في عددها ، ولكنها موجودة على أي حال .

معظم كلمات اللغة لا تحتوي على عنصر المعنى الصوتي ، إذ لا توجد علاقة بين الشكل الصوتي للكلمة ومعناها . إن العلاقة بين الشكل الصوتي والمعنى علاقة صدفية (اعتباطية في معظم الحالات . مثلاً ، لا توجد علاقة مقصودة بين الشكل الصوتي والمعنى للكلمات الآتية : كتاب ، قلم ، حقيبة ، أرض ، سماء ، غيمة ، خضار ، فاكهة . وينطبق الأمر ذاته على آلاف الكلمات الأخرى .

وحدات المعنى :

ما هي الوحدات اللغوية ذات المعنى ؟ أصغر وحدة لغوية ذات معنى هي **المورفيم** (أي الوحدة الصرفية) ، وهو قد يكون كلمة أو جزءاً من كلمة . مثلاً ، (المعلمون) تتكون من المورفيمات الآتية : أل + عَلِمَ + مورفيم التعدية + مورفيم اسم الفاعل + الواو + ن . (أل) تعني التعريف ، (عَلِمَ) هي جذر الكلمة ، مورفيم التعدية حَوَّل (عَلِم) إلى (عَلَّمَ) ، مورفيم اسم الفاعل حول (عَلَّمَ) إلى (مُعَلِّم) ، ثم (و)

تعني الجمع ، ثم أخيراً (نَ) تقطع الكلمة عن الإضافة . وهكذا إن كلمة (المعلمون) تتكون من ستة مورفيمات .

الوحدة الأعلى من المورفيم هي **الكلمة** ، إذ تتجمع المورفيمات لتكوين كلمة واحدة ، كما ذكرنا في الفقرة السابقة .ثم تتجمع الكلمات لتكون **عبارة** . والعبارة قد تكون **عبارة اسمية** مثل (الولد المجتهد) ، أو **عبارة فعلية** مثل (كان يقرأ) ، أو **عبارة جَرِّية** (أي جار ومجرور) مثل (في البيت) . ثم تتجمع العبارات لتكوين **الجملة** مثل (الولد المجتهد كان يقرأ في البيت) .

المعنى وأقسام الكلام :

هل هناك علاقة بين المعنى وأقسام الكلام ؟ جرت العادة في كتب النحو أن يقسم الكلام إلى أقسام . في اللغة العربية ينقسم الكلام إلى ثلاثة أقسام : اسم وفعل وحرف . وعند تعريف **الاسم** يقال أنه كلمة تدل على شخص أو حيوان أو شيء أو مكان أو زمان أو حدث . وعند تعريف **الفعل** يقال إنه كلمة تدل على حدوث عمل في الماضي أو الحاضر أو المستقبل . **والحرف هو** كل كلمة لا تندرج تحت الأسماء أو الأفعال .

عند التدقيق في تعريف الاسم وتعريف الفعل ، نلاحظ أن التعريف مـرتبط بـالمعنى والدلالة ارتباطاً وثيقاً . وهي في الواقع **تعريفات معنوية** (نسبة إلى المعنى) أو **تعريفات دلالية** (نسبة إلى الدلالة) . ولقد كان هذا سبباً في انتقاد علماء النحو لهذه التعريفات . إذ يرى هؤلاء العلماء أنعريف الاسم أو الفعل أو سـواه – في مجـال القواعـد – يجب أن يكون عريفاً نحوياً (في مجال النحو) أو تعريفاً صرفياً (في مجـال الصرف) . **التعريف النحوي** يجب أن يركز على وظيفة الكلمة في الجملة (لا على معنى الكلمة أو دلالتهـا) ، **والتعريف الصرفي** يجب أن يركز على شكل الكلمة الصرفي والوحدات الصرفيـة (السـوابق واللواحق) التي يمكن أن تقبلها .

وهذه – في رأي المؤلف – وجهة نظر لها مبرراتها . في علم الصرف ، يجب أن نعرف المصطلحات تعريفاً صرفياً . وفي علم النحو ، يجب أن يكون التعريف نحوياً . وفي علـم الدلالة ، يجب أن يكون التعريف دلالياً . ولا يجوز – إذا كنا في مجال علم النحو – أن نعرف الكلمات دلالياً؛ كما لا يجوز – إذا كنا في مجا لعلم الدلالة – أن نعرف الكلمات نحوياً أو صرفياً .

قياس المعنى :

هل يمكن قياس المعنى ؟ رغم أن المعنى بطبيعته من المجردات ، إلاّ أنه قابل للقياس . ومن طرق قياسه القياس بالتداعي ، والقياس بالنقائض ، والقياس بالتدريج .

القياس بالتداعي يتطلب أن تذكر أول كلمة تتبادر إلى الذهب كردة فعل

للكلمة المقاسة . مثلاً ، إذا أردنا قياس (بكى) ، نتوقع - بالطبع - كلمات مثل الطفل ، المرأة ، دموع ، فرح ، وحزن . وتتبنى مثل هذه الدراسة على رصد درجة شيوع كل تداعٍ من إعطاء الأولوية للتداعيات الأشيع بطبيعة الحال . مثل هذه الكلمات ذات علاقة قوية بالكلمة المقاسة ، بعض **الكلمات الاقترانية** تتداعى إلى الذاكرة لأنها الفاعل الشائع (مثل الطفل والمرأة) . وبعضها تتداعى لأنها نتيجة الفعل (مثل دموع) . وبعضها تتداعى لأنها النقيض أو الضد (مثل فرح) . وبعضها تتداعى إلى الذاكرة لأنها السبب (مثل حزن) . هذه التداعيات تشكل عناصر المعنى في العادة ، فهي تدل على سبب البكاء أو فاعله أو نتيجته أو نقيضه .

أما **القياس بالنقائض** فيتم عن طريق مقياس سباعي طرفاه متناقضان ، يجيب عنه مئات أو عشرات الأشخاص يتعلق بكل كلمة يراد قياس معناها . مثلاً ، كلمة (معلِّم) من الممكن أن تقاس هكذا (جدول١) :

جدول (١) : سلم قياس المعنى

مُعَلِّم

	إلى أقصى حد	إلى حد كبير	إلى حد ما	لا هذا ولا ذاك	إلى حد ما	إلى حد كبير	إلى أقصى حد	
رحيم			×					قاس
عادل		×						ظالم
مشجّع			×					مُثَبِّط
عالم	×							جاهل

بعد الاستجابات لهذا المقياس ، يتم رصد درجات شيوع الاستجابات ، ويحدد لكلمة (مُعَلِّم) ما يناسبها من الصفات . فيكون ذلك وسيلة لقياس معنى الكلمة بوساطة النقائض على سلم سباعي يتكون من ثلاثة مستويات للصفة الايجابية على يمين السُّلَّم (مثل رحيم) وثلاثة مستويات للصفة السلبية على يسار السُلَّم (مثل رحيم)وثلاثة مستويات للصفة السلبية على يسار السُلَّم (مثل قاسٍ) ومستوى محايد بين الصفتين في وسط السُلَّم (لا هذا ولا ذاك) .

أما **القياس بالتدريج** ، فيستخدم لتدريج الكلمات متقاربة المعنى . على سبيل المثال الكلمات يشابه ، يماثل ، يوازي ، يعادل ، يساوي ، ويطابق ، أو مشتقاتها مثل مشابهة ، موازاة ، معادلة ، مساواة ، ومطابقة . وهناك مثال كلمات الحرارة (دافئ ، حار ، ساخن ، غالٍ) وكلمات البرودة (بارد ، قارس ، متجمد) وكلمات الحب (ود ، حب ، غرام ، هيام ، تدله) ومجموعات عديدة من الكلمات متقاربة المعاني والتي تحتاج إلى تدريج أو تقبل التدريج ، إذ يتم تدريجها تنازلياً أو تصاعدياً حسب شدة العامل موضع التدريج .

المعنى والأدوار :

انظر إلى هذه الجمل :

١. فتح الولدُ البابَ بالمفتاح .
٢. انفتح البابُ بالمفتاح .
٣. فتح المفتاحُ البابَ .
٤. كتب الولدُ رسالةً .

٥. جاءَ اليومُ الذي تتخرج فيه .

٦. هذا هو موقع المعركة .

٧. ذهب إلى المدرسة .

في الجملة (١) ، نحوياً (الولد) فاعل و (الباب) مفعول به و (بالمفتاح) جار ومجرور . لكل من حيث المعنى (الولد) هو العامل و(الباب) هو المستقبل و(المفتاح) هو الأداة .

في الجملة (٢) ، الباب فاعل نحوياً ، ولكنه ما زال المستقبِل دلالياً . في الجملة (٣) ، (المفتاح) فاعل نحوياً ولكنه الأداة دلالياً . في الجملة (٤) ، (رسالة) مفعول به نحوياً ، ولكنه نتيجة الفعل دلالياً . في الجملة (٥) ، (اليوم) فاعل نحوياً ، ولكنها زمان الفعل دلالياً . في الجملة (٦) ، (موقع) خبر نحوياً ، ولكنها مكان الفعل دلالياً . وفي الجملة (٧) ، (المدرسة) مجرور نحوياً ، ولكنها هدف دلالياً .

إذاً ، المفاهيم فاعل ومفعول به ومبتدأ وجار ومجرور وخبر هي **مفاهيم نحوية** تعتمد في أغلب الأحيان على موقع الكلمة في الجملة وحركتها الإعرابية ، ولكن علم المعنى (علم الدلالة) لا تناسبه هذه المفاهيم النحوية ويحتاج إلى **مفاهيم دلالية** تعتمد على معنى الكلمة ودورها في معنى الجملة وليس على الخانة التي تشغلها .

علم الدلالة يتعامل مع مفاهيم مختلفة عن المفاهيم النحوية . من هذه المفاهيم ما يلي :

١ . العامـل : مـن أو مـا قـام بالفعـل بغـض النظـر عـن موقعـه في الجملـة وحركتـه الإعرابية ، مثل (الولد) في الجملة (١) .

٢ . المستقبل : من أو ما وقع عليه الفعل بغض النظر عن موقعه في الجملة وحركتـه الإعرابية ، مثل (الباب) في الجمل (١-٣) .

٣ . النتيجة : ما كان نتيجة الفعل بغض النظر عن موقعه في الجملة ، مثل (رسـالة) في الجملة (٤) .

٤ . الزمان : ما دل على زمان الفعل بغض النظر عن موقعه وحركته الإعرابية ، مثل (اليوم) في الجملة (٥) .

٥ . المكان : ما دل على مكـان الفعـل بغـض النظـر عـن موقعـه في الجملـة وحركتـه الإعرابية ، مثل (موقع) في الجملة (٦) .

٦ . الأداة : ما دل على أداه الفعل بغض النظر عن موقعه وحركته الإعرابيـة ، مثـل (المفتاح) في الجمل (١-٣) .

٧ . الهدف : ما كان هدف الفعل بغض النظر عن الموقع والحركة والإعرابيـة ، مثـل (المدرسة) في الجملة (٧) .

الأدوار الدلالية (أو المعنوية) الستة تعتمد على معنى الكلمـة وعـلى دورهـا في معنى الجملة دون التفات إلى موقعها في الجملة أو إلى حركة إعرابهـا . كـما أن هذه **الأدوار الدلالية** تختلف تماماً عن المفاهيم النحويـة : فالعامـل غـير الفاعـل ، والمستقبل غير المفعول به ، والزمان غير ظرف

الزمان ، والمكان غير ظرف المكان ، والأداة غير المجرور . هـذه المفـاهيم الدلاليـة تختلـف تماماً عن شبيهاتها من المفاهيم النحوية .

تمارين (٣)

أ . بيِّن هل هذه الجمل تحليلية أم تركيبية أم متناقضة ؟

١ . المحيط الهادي أكبر المحيطات . ____________

٢ . الأرملة من مات عنها زوجها . ____________

٣ . أبوه هو والده . ____________

٤ . السمكة تعيش في الماء . ____________

٥ . أبوه بلغ الخمسين من العمر . ____________

٦ . أمه ليست والدته . ____________

ب . هل هذه الجمل صواب (نعم) أم خطأ (لا) ؟ وإن كانت خطأ (لا)؟ وإن كانت خطأ ، فصوبِّها .

٧ . الجملة التحليلية صادقة دائماً . نعم لا

٨ . الجملة التركيبية غير صادقة . نعم لا

٩ . الجملة التحليلية صدقها داخلي . نعم لا

١٠ . الجملة التركيبية صدقها خارجي . نعم لا

١١ . إذا نفينا الجملة التحليلية ، كانت النتيجة جملة متناقضة .نعم لا

١٢ . الجملة المتناقضة صادقة أحياناً . نعم لا

١٣ . إذا حذفنا أداة النفي من جملة متناقضة ، صارت تركيبية .   نعم   لا

١٤ . الجملة التركيبية مُعْلِمَة عن العالم الخارجي ، ولكن الجملة

التحليلية غير معلمة عنه .   نعم   لا

١٥ . إذا كان الجملة المتناقضة مثبتة ، فإن إضافة أداة نفي تجعلها

جملة تركيبي .   نعم   لا

١٦ . معنى الجملة تحدده مفرداتها فقط .   نعم   لا

١٧ . للجملة ثلاثة معانٍ مجتمعة : المعنى المفرداتي والمعنى الصرفي والمعنى النحـوي .
          نعم   لا

جـ . ما معنى الكلمة التي تحتها خط حسب السياق وما معانيها الأخرى خارج السياق ؟

١٨ . لا يد له في الأمر .   _____

١٩ . لسانه اليونانية .   _____

٢٠ . جاء الطالب عينه .   _____

٢١ . إنه رقيق القلب .   _____

د . ما العوامل خارج الجملة التي يمكن أن تؤثر في معنى الجملة ؟

٢٢ . _____

٢٣ . _____

٢٤ . _____

٢٥ . _____

٢٦. ———————

٢٧. ———————

هـ . ضع خطاً تحت الكلمة ذات المعنى النسيب :

٢٨. كبير ، صغير ، طفل ، طالب .

٢٩. مهندس ، طبيب ، طويل .

٣٠. مدينة ، سيارة ، قليل .

٣١. أستاذ ، دافئ ، مدرسة .

و . عَرِّف معنى ما يلي بالطريقة المبينة :

٣٢. سفينة (وصفياً) : ————————————
————————————————————

٣٣. حرف العطف (وظيفياً) : ——————————
————————————————————

٣٤. النافذة (إشارياً) : ——————————
————————————————————

٣٥. يوم الثلاثاء (ترتيبياً) : ——————————
————————————————————

٣٦. شجاع (ترادفياً) : ——————————
————————————————————

٣٧. كريم (تضادياً) : ——————————
————————————————————

٣٨. تفاح (انضوائياً) : ——————————

ز . بين هل هذه الجمل صواب (نعم) أم خطأ (لا) .

٨٧

٣٩ . النمط هو النموذج . ____________

٤٠ . النمط مجرد مثل المعنى . ____________

٤١ . النمط مجرد مثل الامتداد . ____________

٤٢ . النمط هو المعنى . ____________

ح . ما المعنى الإضافي الذي من الممكن أن تحمله كل من الكلمات الآتية بجانب معناها الأساسي ؟

٤٣ . أم ____________

٤٤ . أب ____________

٤٥ . أخ ____________

٤٦ . جندي ____________

ط . ضع خطاً تحت الكلمات ذات المعاني الصوتية :

٤٧ . رجرجة ، منديل ، سلامة

٤٨ . إعصار ، هواء ، حفيف

٤٩ . باب ، نقيق ، رقيق

٥٠ . قميص ، طائرة ، أزيز

ي . أي نوع من وحدات المعنى ما تحته خط (مورفيم ، كلمة ، عبارة ، جملة) ؟

٥١ . ناديتُ الولدَ الذي كان يقطع الشارع . ____________

٥٢ . أرسلَ إليك تحياتيه . ____________

٥٣ . أنتَ رجل أمين . ____________

٥٤ . ذهبوا ولم يعودوا بعد .   —————————

٥٥ . <u>السلام عليكم</u> .   —————————

ك . ما نوع الدور الدلالي لما تحته خط (عامل ، مستقبل ، نتيجة ، زمان ، مكان ، أداة)
؟

٥٦ . قطع <u>الحبل</u> بالسكين .   —————————

٥٧ . <u>السكين</u> قطع الحبل .   —————————

٥٨ . <u>هو</u> الذي قطع الحبل .   —————————

٥٩ . صنع النجار <u>طاولةً</u> .   —————————

٦٠ . هذه <u>سنةُ</u> النصر .   —————————

٦١ . سافر إلى <u>باريس</u> .   —————————

مفتاح الإجابات (٣)

١ .   تركيبية

٢ .   تحليلية

٣ .   تحليلية

٤ .   تحليلية

٥ .   تركيبية

٦ .   متناقضة

٧ .   نعم

٨. لا ، إنها تحتمل الصدق وغير الصدق .

٩. نعم

١٠. نعم

١١. نعم

١٢. لا ، دائماً غير صادقة .

١٣. لا ، صارت تحليلية .

١٤. نعم

١٥. لا ، تصبح جملة تحليلية .

١٦. لا ، تحدده المفردات وتركيبها القواعدي (الصرفي والنحوي) .

١٧. نعم

١٨. شأن ، يد الإنسان ، نعمة

١٩. لغة ، لسان الإنسان

٢٠. نفسه ،عين الإنسان

٢١. رحيم ، ضد سميك

٢٢. حركات الجسم

٢٣. ملامح الوجه

٢٤. نغمة الكلام

٢٥. أدوار المتخاطبين

٢٦. العلاقة السابقة للتخاطب

٢٧. البيئة المادية المحيطة

٢٨. كبير ، صغير

٢٩. طويل

٣٠. قليل

٣١. دافئ

٣٢. وسيلة نقل تعبر البحار والأنهار

٣٣. كلمة تعطف كلمتين من النوع ذاته ، مثلاً الاسم على الاسم و الفعل على الفعل .

٣٤. هذه هي النافذة .

٣٥. هو يوم يقع بين يوم الاثنين ويوم الأربعاء .

٣٦. مِقدام

٣٧. بخيل

٣٨. نوع من الفواكه

٣٩. لا ، النمط مجرد والنموذج محسوس .

٤٠. نعم

٤١. لا ، النمط مجرد و الامتداد محسوس .

٤٢. لا ، النمط هو مجموعة الصفات المميزة للمدلول . والمعنى علاقة الكلمة بالكلمات الأخرى .

٤٣. حنونة

٤٤. مؤسس

٤٥. ودود أو مؤازِر

٤٦. حازم أو صارم

٤٧. رجرجة

٤٨. حفيف

٤٩. نقيق

٥٠. أزَّ

٥١. عبارة (اسم وموصوف)

٥٢. عبارة (جار ومجرور)

٥٣. كلمة

٥٤. مورفيم

٥٥. جملة

٥٦. مستقبل

٥٧. أداة

٥٨. عامل

٥٩. نتيجة

٦٠. زمان

٦١. هدف

الفصل الرابع

التشابه بين المعاني

هناك علاقات متنوعة بين معاني الكلمات وبين معاني الجمل أيضاً . قد تتطابق معاني الكلمات المختلفة وقد تتشابه وقد يكون هناك تضاد في هـذه المعـاني . سنرى في هـذا الفصل أنواع العلاقات بين معاني الكلمات ومعاني الجمل في حالة التشابه . وأمـا الاخـتلاف بين المعاني فسيأتي بحثه في الفصل القادم .

الترادف :

الترادف هو أن تتماثل كلمتان أو أكثر في المعنى . وتدعيان **مترادفتين** وتكون الواحدة منهما **مرادفة** للأخرى . وأفضل معيار للترادف هو **التبادل** : فإذا حلت كلمة محل أخـرى في جملة ما دون تغيير في المعنى كانت الكلمتان مترادفتين . مثال :

هـذا والـدي = هـذا أبي . إذاً ، والـد = أب . ويمكن اسـتعمال إشـارة = لتعنـي (ترادف) .

والترادف اشتمالي تبادلي : كل أب والد وكل والد أب (إذاً ، أب = والـد) . كـل عقيلة زوجة وكل زوجة عقيلة (إذاً ، زوجة = عقيلة) . كل ثري غني وكل غني ثري (إذاً ، ثري = غني) .

ويمكن التعبير عن الترادف بالطريق الآتية :

* س $\subset$ ص (س تنضوي تحت ص)

ص $\subset$ س (ص تنضوي تحت س)

س = ص (إذاً ، س ترادف ص)

* كريم $\subset$ جواد

جواد $\subset$ كريم

جواد = كريم

ومن المترادفات عالٍ/ مرتفع ، نبيه/ ذكي ، نظير/ شبيه ، متمـرن/ متـدرب ، معلـم/ مدرس .

وفي الواقع ، إن الترادف الكامل نادر في اللغة ، إذ ينـدر أن تتطـابق كلمتـان تمامـاً في المعنى والاستعمال . مثال ذلك :

١ . نقول : جبل عالٍ أو جبل مرتفعٍ . ولكن نقول عالي الهمة ولا نقول مرتفع الهمة . لو كان الترادف كاملاً ، لأمكن أن نقول مرتفع الهمة بمعنى عالي الهمة .

٢ . نقول : حادّ السمع أو قوي السمع . ولكن نقول (سكين حاد) ولا نقول (سكين قوي) . لو كان الترادف كاملاً لقلنا (سكين قوي) بمعنى حاد .

٣ . نقول : يعمل معلماً أو يعمـل مدرسـاً . ولكـن نقـول علمـه ا لسـباحة ولا نقـول درّسه السباحة .

٤ . جاء الأسد أو الرئبال أو الليث أو الضرغام . قد يكون الترادف هنا كاملاً مع فروق في شيوع الاستعمال ، فالأسد هي الأشيع .

وهكذا فالترادف إما كامل وإما جزئي . ومن أمثلة الترادف الجزئي :

١ . زوجة وعقيلة . في الغالب نقول : حضر ـ السفير مع عقيلته ، ولا نقول (مع زوجته) . (عقيلة) أرفع مرتبة اجتماعياً من (زوجة) .

٢ . طالب وتلميذ . (طالب) لمن كان في المرحلة الثانوية أو الجامعية ، (تلميذ) لمن كان في المرحلة الابتدائية ودونها . لا نقول هو تلميذ في الجامعة ، بل نقول هو طالب في الجامعة . لاحظ أننا في حالات التبعية الفكرية نقول هو من تلاميذ أفلاطون ولا نقول من طلابه .

٣ . أستاذ ومعلم . (أستاذ) لمن كان يعلم في الجامعة . و (معلم) لمن كان يعلم خارج الجامعة .

وهكذا ، نلاحظ أن الترادف قد يكون كاملاً ، وهو نادر الحدوث (مثل يعادل ويساوي) . بل إن بعض علماء اللغة ينكرون وجود الترادف الكامل على أساس أنه سيكون من العبث والهدر أن يوجد في اللغة كلمتان لمدلول واحد دون أي فرق بينهما . ويرى هؤلاء العلماء أنه لا بد من وجود فرق بين المترادفتين . ولذلك ، يؤمن هذا الفريق من العلماء بالترادف الجزئي ، أي المماثلة في المعنى دون التطابق .

وينبني الترادف على المعنى الأساسي للكلمة دون معانيها الإضافية أو النفسية أو الأسلوبية . فإن تماثل المعنى الأساسي للكلمتين ، كانتا مترادفتين دون التفات إلى أنواع المعاني الأخرى .

والترادف أساساً للمعاني وليس للكلمات . فالأصل أني قال إن معنى الكلمة س يرادف معنى الكلمة ص ، ولكن تجاوزاً وتسهيلاً ، صار من الممكن القول بأن الكلمة س ترادف الكلمة ص .

وهناك معياران للترادف . المعيار الأول التبادل السياقي ، وهو أن يمكن وضع الكلمة س مكان الكلمة ص في سياق ما دون تغيير معنى الجملة . فإذا أمكن ذلك ، كانت الكلمتان مترادفتين : إنه يعلِّمه (يدرِّسه) الحساب . ممن الممكن استبدال (يعلم) بـ (يدرِّس) أو الثانية بالأولى التبادل السياقي يثبت أن الكلمتين (س ، ص) في حالة ترادف . والمعيار الثاني للترادف هو الانضواء المتبادل . التعليم نوع من التدريس ، والتدريس نوع من التعليم . إذاً هما مترادفتان .

ومن الشائع إن تكون المترادفات من نفس قسم الكلام . المرادف للاسم اسم والمرادف للصفة صفة والمرادف للفعل فعل والمرادف للفعل فعل والمرادف للمصدر مصدر ، مثلاً ، علَّم = درَّس ، معلِّم = مدرِّس ، تعليم = تدريس ، علَّمْ = درَّسْ ، يعلِّم = يدرِّس . ولكن من الممكن أ ن يتم الترادف من بين أقسام الكلام متباينة ، مثلاً ، تدريس = أن يعلِّم ، مسرعاً = بسرعة . هنا ترادف المصدر مع المصدر المؤول وترادف اسم الفاعل مع الجار والمجرور ، إن العبرة في الترادف هو تماثل المعاني وتطابق قسم الكلام ليس شرطاً أساسياً في الترادف ، رغم أنه حال شائع .

التناظر :

إذا تماثل معنى كلمتين ، فهما مترادفتان أو المعنيان مترادفان .ولذا إذا تماثل معنى جملتين ، فالجملتان في تناظر أو متناظرتان أو تناظر كل منهما الأخرى أو إحداهما مناظرة للأخرى .

ويمكن إحداث التناظر بين جملتين بطريقتين . الطريقة الأولى باستخدام جملتين تتماثلان في كل الكلمات باستثناء كلمة واحدة (س) في الجملة الأولى تقابلها مرادفتها (ص) في الجملة الثانية :

١ . سار زيد والنهر مس .

٢ . مشى زيد و النهر أمس .

هذا هو **القانون الأول للتناظر** : إذا تماثلت جملتان في كل الكلمات باستثناء الكلمة س في الجملة الأولى ومرادفتها ص في الجملة الثانية ، كانت جملتان متناظرتين .

أما الطريقة الثانية لإحداث التناظر بين جملتين فهي **طريقة التحويل** .

مثلاً ،

١. إبراهيم هو ابن عدنان .

٢. عدنان هو ابن إبراهيم .

٣. كسر الولد الزجاج .

٤. الزجاج كسره الولد .

٥. الزجاج كسر على يد الولد .

٦. الولد هو من كسر الزجاج .

٧. بعض الطلاب مجتهدون .

٨. ليس كل الطلاب مجتهدين .

إذا دققنا النظر في الجمل (٣-١٠) ، نجد أنها تحتوي على حالات تناظر بسبب التحويل ، وليس بسبب استخدام كلمات مترادفة . الجملة (٣)

تناظر الجملة (٤) . والجمل (٥-٨) متناظرة . والجملتان (٩ ، ١٠) متناظرتان .

ومن الملاحظ أن الـترادف يشـبه التناظر في أن كـلاً مـنهما يشـير إلى تماثـل المعنـى . والفرق بينهما هو أن الترادف هو علاقة بين كلمتين أو أكثر تتمماثل في المعنى ، في حين أن التناظر هو علاقة بين جملتين أو أكثر تتماثل في المعنى . ومـن الممكـن اسـتخدام الرمـز = ليدل على التناظر (في حين أننا استخدمنا الرمز = ليدل على الترادف) .

ومن معايير التناظر الصدق المشترك أو عدم الصدق المشترك للجملتين المتنـاظرتين . مثلاً إن كانت الجملتان (٣ ، ٤) متناظرتين حقاً ، فإن صدق الجملة (٣) يستلزم صدق الجملة (٤) وصدق الجملة (٤) يسـتلزم صدق الجملة (٣) . كـما أن عـدم صـدق أي منهما يستلزم عدم صدق الأخرى . ويستحيل – في حالة التناظر – أن تكون جملة صـادقة ومناظرتها غير صادقة . التناظر يعني أن تتماثل الجملتان المتناظرتان في الصـدق أو عـدم الصدق .

الانضواء :

انظر إلى العلاقات الآتية :

١ . أسد ، حيوان

٢ . تفاح ، فاكهة

٣ . أخ ، قريب

٤ . خوف ، انفعال

٥ . أمانة ، فضيلة

في الأمثلة السابقة (١ -٥) ، نرى أن الأسد نوع من الحيوان ، والتفاح نوع من الفاكهة ، والأخ نوع من القريب ، والخوف نوع من الانفعال ، والأمانة نوع من الفضيلة . وهذا يعني أن العلاقة بين هذه الأزواج من الكلمات هي علاقة انضواء ، أي أن الكلمة الأولى تنضوي تحت الثانية .

إذا كانت الكلمة س نوعاً من الكلمة ص ، فإن س تنضوي تحت ص وإن ص تشتمل على س . ولذلك ، الانضواء يختلف عن **الاشتمال** وإن كان وثيق الصلة به . الأسد ينضوي تحت حيوان ، ولكن الحيوان يشتمل على الأسد . ومن الممكن أن نستعمل الإشارة ⊂ لتدل على الانضواء . وبذلك ، تكون العلاقات هكذا :

أسد	⊂	حيوان
تفاح	⊂	فاكهة
أخ	⊂	قريب
خوف	⊂	انفعال
أمانة	⊂	فضيلة

ويرى مؤلف هذا الكتاب أن مصطلح الانضواء أفضل من مصطلح الاشتمال لأسباب تتعلق بمفاهيم دلالية قادمة سيجري شرحها في حينها .

ويلاحظ أن الانضواء علاقة في اتجاه واحد . مثلاً ، كل أسد حيوان ، وليس كل حيوان أسداً . وكل تفاح فاكهة ، وليست كل فاكهة تفاحاً . وكل أخ

قريب ، وليس كل قريب أخاً . وكل خوف انفعال ، وليس كل انفعال خوفاً ، وكل أمانـة فضيلة ، وليست كل فضيلة أمانة .

إذا كانت س تنضوي تحت ص ، فالعلاقـة بينهما علاقة انضـواء و س منضويـة تحـت ص ، و ص مشتملة عـلى س . إذاً ، الانضـواء يحتـاج كلمتـين : واحـدة منضويـة والأخرى مشتملة .

وإذا عدنا إلى الترادف ، فمن الممكن تفسيره بوساطة الانضواء . إن الترادف هو حالـة خاصة من الانضواء . إذا كانت س تنضوي تحت ص وكذال ص تنضوي تحت س ، فإن س و ص في ترادف . الترادف هو انضواء متبادل أو انضواء متماثل .

الاستلزام :

انظر إلى هذه الجمل :

١ . رأيَ ولداً .

٢ . رأيتَ شخصاً .

٣ . أكلتُ تفاحة .

٤ . أكلتُ فاكهة .

إذا كنت قد رأيت ولداً ، فهذا يستلزم منطقياً أنك رأيت شخصاً . إذاً ، الجملـة (١) تستلزم الجملـة (٢) . إذا صدقت الأولى ، صـدقت الثانيـة بالضـرورة . والعلاقـة بـين الجملتين علاقة استلزام : أي إذا كانت الأولى

صادقة ، فهـذا يسـتلزم صـدق الثانيـة حتمـاً وبالضـرورة . والجملتـان (٣، ٤) في علاقـة استلزام أيضاً ، لأن الثالثة تستلزم الرابعة .

وهناك شرط للاستلزام هـو أن تقـال الجملتـان في وقت متتـابع ، لأن البعـد الزمنـي عامل حاسم في صدق القول أو عدم صدقه . فإن صدق الجملة الثانية المستلزم من صدق الأولى مشروط بتتابع الوقت . فقد تكون جملة صادقة الآن ولكنها لا تصدق بعـد يـوم أو ساعة .

ومما هو جير بالملاحظة أن الاستلزام تراكمي ، بمعنى أنه إذا كانت س تستلزم ص ، وكانت ص تستلزم ع ، فإن س تستلزم ع . مثلاً ،

٥ . أكل الأولاد التفاح .

٦ . أكل الأشخاص التفاح .

٧ . أكل الأشخاص الفاكهة .

هنا ، الجملة (٥) تستلزم الجملة (٦) ، والجملة (٦) تسـتلزم الجملـة (٧) . إذاً الجملة (٥) تستلزم الجملة (٧) .

ويمكن أن نعبر عن ذلك باستخدام الرمز (←) ليدل على الاستلزام ، هكذا :

$$٥ \quad ← \quad ٦$$

$$٦ \quad ← \quad ٧$$

$$∴ \quad ٥ \quad ← \quad ٧$$

وهكذا ، صارت لدينا حتى الآن أربعة رموز هي :

- الرمز = ليدل على الترادف
- الرمز ≡ ليدل على التناظر
- الرمز ⊂ ليدل على الانضواء
- الرمز ← ليدل على الاستلزام

كما تبين لنا سابقاً وجود علاقة بين الترادف والانضواء وقلنا إن الترادف هو انضواء متبادل ، يتبين لنا هنا وجود علاقة بين التناظر والاستلزام . التناظر هو استلزام متبادل : إذا استلزمت الجملة س الجملة ص واستلزمت الجملة ص الجملة س ، فهما في علاقة تناظر . وبعبارة أخرى ،

س ← ص

ص ← س

∴ س ≡ ص

الآن ، صار لدينا أربعة مصطلحات هامة : الترادف ، التناظر ، الانضواء ، والاستلزام . والعلاقة بينهما هي الآتي :

١ . الترادف والتناظر هما علاقة تماثل في المعنى .

٢ . الترادف علاقة بين الكلمات متماثلة المعنى والتناظر علاقة بين الجمل متماثلة المعنى .

٣ . الترادف انضواء متبادل والتناظر استلزام متبادل .

٤ . الاستلزام يمكن أن يكون في اتجاه واحد ، وكذلك الانضواء .

٥ . الترادف علاقة في اتجاهين ، وكذلك التناظر .

٦ . الترادف والانضواء علاقة بين الكلمات ، والتناظر والاستلزام علاقة بين الجمل .

العلاقة بين الانضواء والاستلزام :

هناك قانون ينظم العلاقة بين الانضواء والاستلزام . ينص هـذا القـانون عـلى أنـه إذا تطابقت جملتان (أ ، ب) في كل شيء باستثناء أن الجملة (أ) تحتوي على الكلمـة (س) والجملة (ب) تحتوي على الكلمة (ص) ، وكذلك (س٩ تنضوي تحـت (ص) ، فإن الجملة (أ) تستلزم الجملة (ب) .

١ . كان المزارع يسوق بعض الأغنام .

٢ . كان المزارع يسوق بعض الحيوانات .

هاتان الجملتان (١ ، ٢) تتطابقان في كل الكلمات إلا في كلمتين (الأغنام ، الحيوانات) . (الأغنام) تنضوي تحت (الحيوانات) . إذَّ ، الجملة (١) تستلزم الجملة (٢) .

ولكن لهذا القانون مبطلات . من هذه المبطلات أن تكون الجملتـان في حالـة نفـي . مثلاً ،

٣ . لم يكن المزارع يسوق بعض الأغنام .

٤ . لم يكن المزارع يسوق بعض الحيوانات .

في الجملتين (٣ ، ٤) ، لم تعد (٣) تستلزم (٤) ، كما هو واضح ، لأنه إذا كان لا يسوق غنماً فهذا لا يعني أنه لا يسوق حيوانات . هنا ، في حالة النفي ، الجمل (٤) هي التي تستلزم الجملة (٣) . أي يصبح القانون عكسياً : الجملة التي تحتوي على الكلمة المشتملة هي التي تستلزم الجملة التي تحتوي على الكلمة المنضوية . لاحظ أنه في الجملتين (١ ، ٢) ، كان اتجاه الاستلزام بالعكس : الجملة ذات الكلمة المنضوية هي التي تستلزم الجملة ذات الكلمة المشتملة . إذاً في هاتين الحالتين ، ١ ← ٢ ، ولكن ٤ ← ٣ .

وهناك مبطل آخر للقانون ، هو وجود كلمة (جميع) أو (كل) مثلاً ،

٥ . كان المزارع يسوق جميع الأغنام .

٦ . كان المزارع يسوق جميع الحيوانات .

إذا كان المزارع يسوق كل الأغنام التي عنده فهذا لا يعني أنه يسوق كل الحيوانات التي عنده ، إذ قد يكون لديه أبقار أيضاً . ولكن إذا ساق كل الحيوانات فهذا يستلزم بالضرورة أنه ساق كل الأغنام من ضمن الحيوانات . في هذه الحالة ، عند استخدام (جميع) ، الجملة (٦) تستلزم الجملة (٥) ، وليست (٥) هي التي تستلزم (٦) . لاحظ أن الجملة ذات الكلمة المشتملة هي التي تستلزم الجملة ذات الكلمة المنضوية هنا : ٦ ← ٥ .

وهناك مبطل ثالث لقانون العلاقة بين الانضواء والاستلزام ، ألا وهو وجود كلمة نسبية ، مثل كبير ، صغير ، طويل ، واسع . هنا لا يمكن ظهور علاقة استلزام . مثلاً ،

٧ . رأى فاراً كبيراً .

٨ . رأى حيواناً كبيراً .

إذا كان قد رأى فأراً كبيراً ، فهذا لا يعني أنه رأي حيواناً كبيراً ، لأن (كبير) للفئران غير كبير لسائر الحيوانات . فالفأر الكبير صغير جداً بالنسبة للفيل ، حتى للفيل الصغير . إذاً ، في حالة الكلمات النسبية . ويجوز بدلاً من قانون واحد وثلاثة استثناءات أن نضع أربعة قوانين :

(١) **القانون الأساسي** : إذا تطابقت الجملة (أ) مع الجملة (ب) في كل الكلمات إلاّ في كلمة س في (أ) التي تنضوي تحت الكلمة (ص) في (ب) ، فإن (أ) تستلزم (ب) .

(٢) قانون النفي : إذا تطابقت الجملة المنفية (أ) مع الجملة المنفية (ب) في كل الكلمات إلاّ في الكلمة س في (أ) التي تنضوي تحت الكلمة ص في (ب) ، فإن (ب) تستلزم (أ) .

(٣) قانون (جميع) : إذا تطابقت الجملة (أ) مع الجملة (ب) في كل الكلمات إلاّ في عبارة (جميع س) في (أ) وعبارة (جميع ص) في (ب) وكانت س تنضوي تحت ص ، فإن (ب) تستلزم (أ) .

(٤) قانون الكلمة النسبية : إذا تطابقت الجملة (أ) مع الجملة (ب) في كل الكلمات إلاّ في كلمة (س) في (أ) التي تنضوي تحت الكلمة (ص) في (ب) وكانت كل من س و ص موصوفتين بكلمة نسبية ، فلا توجد علاقة استلزام بين (أ) و (ب) في أي اتجاه .

تمارين (٤)

أ . ضع صواب (نعم) أو خطأ (لا) بعد كل جملة مما يلي :

١ . أكثر الترادف كامل .

٢ . الترادف أساساً بين الكلمات وليس بين المعاني . نعم لا

٣ . الترادف يقوم على المعنى الأساسي للكلمة فقط دون معانيها الإضافية والنفسية .
نعم لا

٤ . ينكر بعض علماء اللغات وجود الترادف الكامل ويعتبرونه هدراً لغوياً .
نعم لا

٥ . الترادف علاقة بين الكلمات أو بين الجمل . نعم لا

٦ . يشترط فيا لمترادفتين أن تكونا من نفس قسم الكلام . نعم لا

٧ . الانضواء هو ترادف متبادل . نعم لا

٨ . الناظر مثل الترادف : كلاهما تماثل بين المعاني   نعم   لا

٩ . إذا تناظرت جملتان ، فإنهما تتطابقان في الصدق أو عدمه . نعم   لا

ب . أعط كلمة مرادفة لكل مما يلي :

١٠ . أيادي   ─────────────────

١١ . ساعد   ─────────────────

١٢ . زعيم   ─────────────────

١٣ . تطوير   ─────────────────

١٤ . جرى   ─────────────────

١٥ . علقم   ─────────────────

١٦ . مريض   ─────────────────

جـ . هل الجمل الآتية متناظرة أم غير متناظرة ؟

١٧ . المدينة س تقع شرق المدينة ص .

المدينة ص تقع غرب المدينة س . ─────────────────

١٨ . النقطة أ فوق النقطة ب .

النقطة ب تحت النقطة أ . ─────────────────

١٩ . الموقع جـ يقع بعد الموقع د .

الموقع د يقع قبل الموقع جـ . ─────────────────

٢٠ . علي هو ابن سمير .

جهاد هو ابن سمير . ─────────────────

٢١ . قدَّم له عوناً كبيراً .

قدَّم له مساعدة كبيرة . _____

د . ما سبيل التناظر في الجمل السابقة : الترادف أم التحويل ؟

٢٢ . الجملتان في ١٧ _____

٢٣ . الجملتان في ١٨ _____

٢٤ . الجملتان في ١٩ _____

٢٥ . الجملتان في ٢١ _____

هـ . ما رمز كل علاقة مما يلي ؟

٢٦ . ترادف _____

٢٧ . تناظر _____

٢٨ . انضواء _____

٢٩ . استلزام _____

و . ضع صواب (نعم) أو خطأ (لا) لكل جملة مما يلي :

٣٠ . (فاكهة) تنضوي تحت (تفاحة) .   نعم   لا

٣١ . (نبات) ينضوي تحت (شجرة) .   نعم   لا

٣٢ . الانضواء يحتوي على قدر من التماثل .   نعم   لا

٣٣ . الانضواء والترادف علاقة بين الكلمات .   نعم   لا

٣٤ . التناظر والاستلزام علاقة بين جمل .   نعم   لا

٣٥ . (عم) ينضوي تحت (قريب) .   نعم   لا

٣٦ . الانضواء علاقة في اتجاه واحد .   نعم   لا

٣٧ . الترادف والتناظر علاقة في اتجاه واحد .   نعم   لا

٣٨ . الاستلزام علاقة في اتجاهين .   نعم   لا

٣٩ . تماثل المعاني في الترادف أكثر من تماثلها في الانضواء .   نعم   لا

٤٠ . تماثل المعاني في الاستلزام أكثر منه في التناظر .   نعم   لا

٤١ . (حيوان) تشتمل على (قط) .   نعم   لا

٤٢ . المشتمل أوسع من المنضوي .   نعم   لا

٤٣ . المنضوي نوع من أنواع المشتمل .   نعم   لا

ز . ما العلاقة بين كل من الثنائيات الآتية : ترادف ، انضواء ، أم اشتمال ؟

٤٤ . كوسا   ، نبات   _____

٤٥ . إنسان ، طفل   _____

٤٦ . أزهار ، قرنفل   _____

٤٧ . نمر ، حيوان   _____

٤٨ . تطوير ، تنمية   _____

٤٩ . اقترب ، تقدَّم   _____

٥٠ . شجاعة ، إقدام   _____

ح . هل هذه الثنائيات في علاقة تناظر أم استلزام ؟

٥١ . استعد لأداء الامتحان .

استعد لأداء الفحص .   _____

٥٢ . زرع كثيراً من الأشجار .

زرع كثيراً من النباتات .

٥٣ . زياد أخو زيد .

زيد أخو زياد .

٥٤ . ليلى والدة سلمى .

سلمى ابنة ليلى .

٥٥ . الولد سر أبيه .

الوالد سر والده .

٥٦ . رسم الطالب مستطيلاً .

رسم الطالب شكلاً هندسياً .

ط . أي جملة تستلزم الأخرى : الأولى أم الثانية ؟

٥٧ . اشترى الطالب ثلاثة كتب .

اشترى الطالب ثلاثة مطبوعات .

٥٨ . لم يشتر الطالب كتباً .

لم يشتر الطالب مطبوعات .

٥٩ . اشترى الطالب جميع الكتب .

اشترى الطالب جميع المطبوعات .

ي . أكمل الفراغ بكلمة واحدة مناسبة :

٦٠ . الترادف و ———— علاقة تماثل في المعنى .

٦١ . الترادف علاقة تماثل في معاني ———— .

٦٢ . الناظر علاقة تماثل في معاني ———— .

٦٣ . الترادف انضواء ———— .

٦٤ . التناظر ———— متبادل .

٦٥ . الترادف و ———— علاقات بين الكلمات .

٦٦ . التناظر و ———— علاقات بين الجمل .

٦٧ . العلاقة بين الترادف والتناظر مثل العلاقة بين ———————— و ————————

٦٨ . العلاقة بين الترادف والانضواء مثل العلاقة بين ———————— و ———————— .

٦٩ . إذا كانت س تنضوي تحت ص ، فإن ص ———— على س .

٧٠ . الترادف يعطي كلمتين ———— .

٧١ . التناظر يعطي جملتين ———— .

٧٢ . الانضواء علاقة بين كلمة ———————— وكلمة ———————— .

مفتاح الإجابات (٤)

١.   لا . أكثر الترادف جزئي .

٢.   لا . الترادف أساساً بين المعاني .

٣.   نعم .

٤.   نعم .

٥.   لا . الترادف علاقة بين الكلمات وليس بين الجمل .

٦.   لا ، قد تكونا من قسمين مختلفين .

٧.   لا ، الترادف هو انضواء متبادل .

٨. نعم .

٩. نعم .

١٠. نِعَمْ

١١. عاونَ

١٢. قائد

١٣. تحسين

١٤. ركضَ

١٥. مُرّ

١٦. عليل

١٧. متناظرة

١٨. متناظرة

١٩. متناظرة

٢٠. غير متناظرة

٢١. متناظرة

٢٢. التحويل

٢٣. التحويل

٢٤. التحويل

٢٥. الترادف

٢٦. =

٢٧. ≡

٢٨. ⊂

٢٩. ←

٣٠. لا . (تفاحة) تنضوي تحت (فاكهة) .

٣١. لا . (شجرة) تنضوي تحت (نبات) .

٣٢. نعم

٣٣. نعم

٣٤. نعم

٣٥. نعم

٣٦. نعم

٣٧. لا ، كل منهما علاقة في اتجاهين لأن سن ترادف أو تنظر ص ، وكذلك ص ترادف أو تناظر س .

٣٨. لا . الاستلزام أساساً علاقة في اتجاه واحد .

٣٩. نعم

٤٠. لا . التناظر تماثل كبير في معنى جملتين أو أكثر .

٤١. نعم

٤٢. نعم

٤٣. نعم

٤٤. انضواء

٤٥. اشتمال

٤٦. اشتمال

٤٧. انضواء

٤٨. ترادف

٤٩. ترادف

٥٠. ترادف

٥١. تناظر
٥٢. استلزام
٥٣. تناظر
٥٤. تناظر
٥٥. تناظر
٥٦. استلزام
٥٧. الأولى
٥٨. الثانية
٥٩. الثانية
٦٠. الناظر
٦١. الكلمات
٦٢. الجمل
٦٣. متبادل
٦٤. استلزام
٦٥. الانضواء
٦٦. الاستلزام
٦٧. الانضواء ، الاستلزام
٦٨. التناظر ، الاستلزام
٦٩. تشتمل
٧٠. مترادفين
٧١. متناظرتين
٧٢. منضوية ، مشتملة

الفصل الخامس

الاختلاف بين المعاني

الكلمات تتفاوت في نوعية علاقتها بعضها بـبعض . مـثلاً ، هـل العلاقـة بـين كتـاب وموسوعة مثل العلاقة بين كتاب وسمكة ؟ الكتـاب والموسـوعة ينتميان إلى حقـل دلالي واحد ، ولكن كتاب وسمكة لا تنتميان إلى حقـل دلالي واحـد . وهكـذا ، فإن الكلـمات نوعان : كلمات تنتمي إلى حقل واحد وكلمات تنتمي إلى حقول مختلفة .

الفصل الماضي والفصل الحالي (أي الرابـع والخامس) يتنـاولان التشـابه بـين المعـاني والاختلاف بينهما على الترتيب ، وهذه المعاني هي للكلمات التي تنتمي إلى حقل واحـد . أوثق أنواع العلاقة هي علاقة الترادف ، تليها علاقة الانضواء بين الكلمات . وكلتا العلاقتـين (الترادف والانضواء) علاقة تشابه بين المعاني . هذا الفصل سيركز على علاقة الاختلاف بين معاني الكلمات التي تنتمي إلى حقل واحد .

التضاد :

انظر إلى هذه الثنائيات :

١ . حي ، ميت

٢ . باع ، اشترى

٣ . بارد ، ساخن

٤ . شمال ، شرق

٥ . شمال ، جنوب

٦ . غلاف ، كتاب

٧ . السبت ، الأحد

٨ . أستاذ مساعد ، أستاذ مشارك

٩ . قط ، كلب

إذا دققنا في هذه الثنائيات ، نجد أن كلاً منها تستثني الأخرى . فمـن كـان حيـاً لا يكون ميتاً . وما كان بارداً لا يكون ساخناً . ومن باع ، لا يكون هو قد اشترى عندما بـاع . وما كان شمالاً لا يكون شرقاً ولا جنوباً . ومن كان أستاذاً مسـاعداً لا يكون مشاركاً في آن واحد . وما كان السبت لا يكون الأحد .وما كان قطاً لا يكون كلباً .

إذاً ، تلك الثنائيات ليست في حالة تشابه في المعنى ولا ترادف أو انضواء ، بل هي في حالة تضاد .ولكن ، كل منها في حالة تضاد . ولكن ، كل منها في حالة تضاد خـاص . إنهـا تسعة أنواع مختلفة من التضاد . وسنرى هذه الأنواع فيما يـلي . ويمكن الترميز لعلاقـة التضاد بالرمز ←→ .

التضاد الحاد :

البعض يسميه التضاد الثنائي ، ولكن المؤلف يـرى أن هـذه التسـمية غـير دقيقـة لأن معظم أنواع التضاد ثنائية . ولذلك ، إن مصطلح "التضاد الحاد" أكثر دقة وأقل التباساً .

انظر إلى هذه الثنائيات :

١ . ذكر ، أنثى .

٢ . حي ، ميت .

٣ . أعزب ، متزوج .

كل ثنائية سابقة هي من نوع التضاد الحاد . وهي تعطي مجالها تماماً : فالإنسان إما حي وإما ميت ، و لا يوجد خيار ثالث . وهو إما ذكر وإما أنثى . وهو إما أعزب وإما متزوج . التضاد الحاد هو تضاد ثنائي لا يقبل خياراً ثالثاً . كما لا يقبل التدريج : فلا نقول أعزب جداً ولا ذكر جداً ولا ميت جداً .

البعض يدعو التضاد الحاد تضاداً غير متدرج بسبب عدم قابلية الكلمات للتدريج . بل إن البعض يدعوه التضاد الحقيقي لأنه أشد أنواع التضاد تضاداً .والبعض يدعوه التضاد التكاملي لن الواحدة تعني نفي الأخرى . مثلاً أعزب ت عني غير متزوج ، و متزوج تعني غير أعزب . رمزياً ، يمكن التعبير عن علاقة التضاد هكذا :

$$س \supset -ص$$

$$ص \supset -س$$

$$\therefore س \leftrightarrow ص$$

رغم وجود تسميات عديدة لهذا النوع من التضاد ، فإن المصطلح الذي نريد تبنيه هنا هو "التضاد الحاد" ، من أجل توحيد المصطلح وتسهيل الاتصال بين الكاتب والقارئ .

في بعض الحالات ، تتولد من التضاد الحاد علاقات رباعية . مثلاً ، الإنسان بالغ أو غير بالغ ، والبالغ رجل أو امرأة ، وغير البالغ ولد أو بنت ، وكل منهم ذكر أو أنثى .

جدول (٢) : العلاقة الرباعية

	ذكر	أنثى
بالغ	رجل	امرأة
غير بالغ	ولد	بنت

إن العلاقة الرباعية ، كما في الجدول أعلاه ، تسمح بحالات من التضاد ولا تسمح بسواها . مثلاً ، ذكر/ أنثى ، بالغ/ غير بالغ ، رجل/ امرأة ، ولد/ بنت كل منها في حالة تضاد حاد . ولكن رجل/ بنت ليست في حالة تضاد ، ولا امرأة/ ولد . الحالات الأفقية (رجل/ امرأة ، ولد/ بنت) في حالة تضاد ، ولكن الحالات القطرية (رجل/ بنت ، امرأة/ ولد) ليست في حالة تضاد . إذا سألتك ما ضد رجل ، ت قول امرأة ولا تقول بنت . وإذا سألتك ما ضد ولد ، تقول بنت ولا تقول امرأة .

التضاد العكسي :

انظر إلى هذه الثنائيات :

١ . باع ، اشترى .

٢ . علَّم ، تعلَّم .

٣ . أب ، ابن .

٤ . أعطى ، تسلَّم .

٥ . زوج ، زوجة .

٦ . والدة ، مولود .

إذا حدث بيع ، فلابد من حدوث شراء . وإذا باع شخص ، فلابد من آخر يشتري . وإذا حدث تعليم من معلم ، فلابد من تعلُّم من متعلم . وإذا كنتَ أباً له ، فهو ابن لك . وإذا كان معطٍ ، فلابد من متسلِّم . وإذا كان زوج ، كانت زوجة . وإذا كانت والدة ، فلابد من مولود .

التضاد العكسي يستوجب التلازم بين الضدين . فلا بيع من غير شراء ، ولا تعليم من غير تعلُّم ، ولا زوج من غير زوجة . إذاً ، باع/ اشترى أو تعليم/ تعلُّم أو زوج/ زوجة من الأضداد العكسية أو في حالة تضاد عكسي . ويلاحظ وجود علاقة تبادلية بين طرفين . فإذا اشترى س شيئاً من ص ، فإن ص يكون قد باعه إلى س . وإذا كان س ه أبو ص ، فإن ص هو ا بن س . وإذا كان س زوج ص ، فإن ص زوجة س . وإذا كانت س والدة لِ ص ، فإن ص ابن أو ابنة لِ س .

التضاد المتدرج :

انظر إلى هذه الثنائيات :

١ . سهل ، صعب

٢ . بارد ، حارّ

٣ . قريب ، بعيد

٤ . ذكي ، غبيّ

٥ . جميل ، قبيح

كل ثنائية سابقة تتألف من كلمتين كل منهما على طرف نقيض ، ولكن بينهما درجات . فالسهل درجات والصعب درجات ، والبرودة درجات والحرارة درجات ، وهكذا سائر الثنائيات . كل ثنائية سابقة في تضاد متدرج .

والفرق بين التضاد الحاد والتضاد المتدرج هو قابلية الثاني للتدرج وعدم قابلية الأولى للتدرج ، مثلاً ، حار جداً ، حار قليلاً ، حار نوعاً ما ، ولكن لا نستطيع أن نقول ميت جداً أ, ميت قليلاً أو ميت نوعاً ما .

التضاد العمودي :

انظر إلى هذه الثنائيات :

١ . شمال ، شرق

٢ . شمال ، غرب

٣ . شرق ، جنوب

٤ . جنوب ، غرب

لاحظ أن كل كلمتين في كل ثنائية سابقة تدلان على اتجاهي متعامدين . ولذلك ، تدعى هذه العلاقة تضاداً عمودياً . وهي نوع من أنواع **التضاد الاتجاهي** .

التضاد الامتدادي :

انظر إلى هذه الثنائيات :

١ . شمال ، جنوب

٢ . شرق ، غرب

٣ . يسار ، يمين

٤ . فوق ، تحت

هـذه الثنائيـات في حالـة تضـاد يـدعى تضـاداً امتـدادياً . لاحـظ أن الشـمال امتـداد للجنوب وكلاهما يقعان على خط واحد ، وليسا في حالة تعامد مثل شرق/ شمال . والشرق امتداد للغرب . واليسار امتداد لليمين ، ولكن في الاتجاه المضاد . وفوق امتـداد لتحـت ، ولكن في الاتجاه المضاد أيضاً .

والتضاد الامتدادي مثل التضاد العمودي من حيث من كليهما التضاد اتجاهي .

التضاد الجزئي :

انظر إلى هذه الثنائيات :

١ . غلاف ، كتاب

٢ . مقود ، سيارة

٣ . حائط ، غرفة

٤ . إصبع / يد

٥ . قرنية / عين

٦ . طبلة / أذن

نلاحظ أن الكلمة الأولى في كل ثنائية سابقة هي جزء من الكلمة الثانية . والكلمتان في كل ثنائية في علاقة تضاد . فإذا كان الشيء غلافاً ، فهو ليس كتاباً . وإذا كان كتاباً ، فهو ليس غلافاً .

ويلاحظ أن العلاقة بين الكلمتين هي علاقة الجزء بالكل : الكلمة الأولى هي الجزء والثانية هي الكل . ويصلح المضاف والمضاف إليه ليكون رابطاً بين الكلمتين : غلاف الكتاب ، مقود السيارة ، حائط الغرفة ، إصبع اليد ، قرنية العين ، وطبلة الأذن . ولا يجوز قلب العلاقة هكذا : كتاب الغلاف أو سيارة المقود .

التضاد الدائري :

انظر إلى هذه المجموعات :

١ . السبت ، الأحد ، الاثنين ، الثلاثاء ، الأربعاء ، الخميس ، الجمعة .

٢ . الشتاء ، الربيع ، الصيف ، الخريف .

العلاقة بين كلمات كل مجموعة علاقة دائرية وليست علاقة خطية . بداية الأسبوع يمكن أن تكون أي يوم ونهايته يمكن أن تكون أي يوم

وبالفعل ، بعض البلاد يبدأ أسبوعها يوم الاثنين مثل أمريكا ، وبعضها يبدأ الأسبوع فيها يوم السبت مثل معظم البلاد الإسلامية ، وبعضها يبدأ أسبوعها يوم الأحد . وكذلك نهاية الأسبوع تختلف من بلد لآخر حسب بدايته . فمن يبدأ أسبوعه السبت ينتهي أسبوعه الجمعة ، على سبيل المثال . عندما ينتهي الأسبوع يبدأ أسبوع تالٍ من جديد . وهكذا فأيام الأسبوع مثل عقارب الساعة : تدور بشكل دائري .

وينطبق الحال نفسه على فصول السنة ، إذ تتعاقب دائرياً الواحد بعد الآخر . ويتحدد كل فصل بناء على موقعه في الدائرة . فنقول إن الصيف يأتي بعد الربيع وقبل الخريف ، مثلاً .

العلاقة بين كل كلمة وما يليها في الدائرة هي علاقة تضاد دائي .. ,كذلك العلاقة بين كل كلمة وأخرى في الدائرة نفسها هي علاقة تضاد دائري سواء أكانت مجاورة لها أم لم تكن . العلاقة بين السبت والثلاثاء علاقة تضاد دائي ، إذ يمكن تحديد المسافة بينهما في الدائرة الواحدة ، فنقول السبت يقع على مسافة ثلاثة أيام قبل الثلاثاء أو الثلاثاء يقع على مسافة ثلاثة أيام بعد السبت .

التضاد الرُّتْبِيّ :

انظر على هذه المجموعات :

١ . ملازم ثان ، ملازم أول ، نقيب ، رائد ، مقدم ، عقيد ، عميد ، لواء ، فريق ، فريـق أول ، مشير .

٢ . أستاذ مساعد ، أستاذ مشارك ، أستاذ .

المجموعـة الأولى هـي الرتب العسكرية ، والمجموعـة الثانيـة هـي الرتب لأسـاتذة الجامعة ، متدرجة من الأدنى إلى الأعلى . هذه الكلمـات في كل مجموعـة تتـدرج تصاعدياً حسب تسلسل ثابت . وهي في كل مجموعة في حالة تضاد رتبي . والبعض يدعوه **التضاد الهرمي** ، لأن الكلمـا تتصاعد وفق ترتيب هرمي .

وتختلف المجموعة الرتبية عـن المجموعـة الدائريـة في أن المجموعـة الأولى تسـير في خط مستقيم له بداية دنيا وله نهاية عليا ، في حين أن المجموعـة الدائريـة لا توجـد لها نقطة بداية ونقطة نهاية لأنها تتوالى بشكل دائري . الخط المستقيم (هندسياً) له بدايـة وله نهاية ، ولكن الدائرة لا توجد على محيطها أية بداية ولا أية نهاية ، لأن المحيط خـط دائري متصل .

ومن ناحيـة أخـرى ، يتشابه التضـاد الـدائري والتضاد الرتبـي في أن كـلاً منهما يحتوي على مجموعة كلمات تغطي النظام ذات العلاقة

مثلاً ، السبت ، الأحد . . . إلخ تعطي "أيام الأسبوع" ، وهي مجموعة دائرية . ملازم ثان ، ملازم أول ، . . . إلخ تغطي "الرتب العسكرية" ، وهي مجموعة رتبية . كل مجموعة دائرية أو رتبية تغطي النظام الذي يتعلق بها .

النظام الانتسابي :

انظر إلى هذه المجموعات :

١ . تفاح ، برتقال ، موز

٢ . بقرة ، غنمة ، حصان

٣ . كتاب ، صحيفة ، موسوعة

في المجموعة (١) ، هذه الكلمات أنواع من الفواكه . كل كلمة في المجموعة تنضوي تحت "فواكه" . إذاً ، هي تتساوى في علاقة الانضواء تحت كلمة أخرى . في المجموعة (٢) ، الكلمات تنضوي تحت "حيوان أليف" . في المجموعة (٣) ، الكلمات تنضوي تحت "مطبوعات" .

ما كان تفاحاً لا يكون برتقالاً ، وما كان بقرة لا يكون حصاناً ، وما كان كتاباً لا يكون صحيفة . كل كلمة هي في علاقة تضاد انتسابي مع كلمات المجموعة ذاتها . مثلاً ، تفاح ، برتقال ، موز في حالة تضاد انتسابي . وسمي هذا التضاد انتسابياً لأن كلمات المجموعة كلها تنتسب إلى نوع واحد هو "فاكهة" ، مثلاً . كلمات المجموعة في حالة انضواء تحت النوع

العـام ، ولكـن كـل كلمـة في المجموعـة في حالة تضاد انتسابي إلى كـل كلمة أخري في المجموعة ذاتها .

تفاح / برتقال في حالة تضاد انتسابي ، وكذلك برتقال / موز . و لكن (تفاح) في حالة انضواء تحت (فاكهة) . وهكذا الحال في المجموعات الأخرى (٢ ، ٣) .

التضاد الثنائي والتضاد المتعدد :

لاحـظ أن كـلاً مـن التضـاد الحـاد والتضاد المتـدرج والتضاد العكسـي والتضاد العمودي والتضاد الدائري والتضاد الجزئي هـو تضاد ثنـائي ، أي تضاد بـين كلمتـين . بالمقابـل ، كـل مـن التضاد الرتبـي والتضاد الدائري والتضاد الانتسابي تضاد غير ثنائي لأن التضاد هنا ينشأ ، ليـس بين كلمتين ، بل بين عدة كلمات في مجموعة واحدة ، مثل أيام الأسبوع أو أشهر السنة ، بل في بعض حالات **التضاد غير الثنائي** (التضاد المتعدد) ، قد ينشأ التضاد بين آلاف الكلمات في المجموعة الواحدة مثل أنواع الخضار أو أنواع الفواكه أو أنواع الحيوانات أو أنواع النباتات .

ولذلك ، بعض العلماء يجمع التضاد الانتسابي والتضاد الرتبـي والتضاد الدائري تحت مصطلح واحد هو **التنافر** .

لفصله عن أنواع التضاد الثنائي . ومن الممكن أن ندعو التنافر التضاد المتعدد أو التضـاد غير الثنائي (انظر الشكل المرفق)

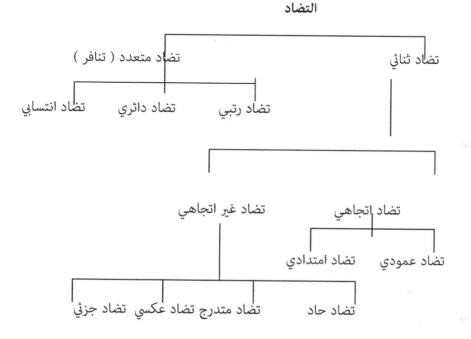

التضاد

تضاد ثنائي

تضاد متعدد (تنافر)

تضاد انتسابي   تضاد دائري   تضاد رتبي

تضاد إتجاهي

تضاد غير اتجاهي

تضاد عمودي   تضاد امتدادي

تضاد متدرج تضاد عكسي تضاد جزئي   تضاد حاد

التناقض

كل ما تحدثنا عنه حتى الآن هو علاقات الاختلاف بين معـاني الكلمات . ودعونـا هذا الاختلاف تضاداً بشرط أن تكون الكلمات في حقل دلالي واحد ، إذ لا جدوى تذكر مـن محاولـة تحديد علاقـة بين كلمتـين تنتمـي كـل مـنهما إلى حقل دلالي مختلف ، مثـلاً ، (برتقال ، مدفع) ، إذ لا

توجد أية علاقة بينهما أصلاً . إن موضوع التشابه بين المعاني (الفصل الرابع) أو الاختلاف بينهما (الفصل الخامس) هو موضوع مقتصر بطبيعة الحال على معاني كلمات تنتمي إلى حقل دلالي واحد .

سابقاً ، قلنا إذا تماثلت جملتان في المعنى ، كانتا في علاقة تناظر . وإذا ترتبت واحدة على أخرى ، كانت العلاقة بينهما علاقة استلزام . وقلنا إن الترادف والانضواء علاقتان بين الكلمات . في حالات تشابه المعنى ، تكون الكلمات في حالة ترادف أو انضواء ، وتكون الجمل في حالة تناظر أو استلزام .

والآن ، مصطلحات التضاد المختلفة تتعلق باختلاف معاني الكلمات ، وليس تماثلها . ولكن إذا تناقض معنيا جملتين ، فالعلاقة بينهما علاقة تناقض ، وتكون كل جملة مناقضة للأخرى . لاحظ نقول "مناقضة" وليس "متناقضة" ، لأن المتناقضة هي جملة متناقضة داخلياً ، أي متناقضة مع نفسها ، مثل الأعزب هو غير المتزوج . لابد من تحديد معنى المصطلح وقصره على ما يدل عليه فقط كيلا يحدث التباس .

وتكون الجملتان في حالة تناقض إذا استحال أن تكونا صادقتين معاً في آن واحد . مثلاً ، إبراهيم ولد عام ١٩٩٠م ، وإبراهيم (ذاته) ولد عام ١٩٨٥م . هاتان الجملتان في علاقة تناقض لأنه لا يمكن أن تكونا صادقتين معاً . والاحتمالات هنا ثلاثة :

١ . إما أن الجملة الأولى صادقة والثانية غير صادقة .

٢ . وإما أن الثانية صادقة والأولى غير صادقة .

٣ . وإما أن كليهما غير صادقتين والصادقة الثالثة لا نعرفها .

ولكن في جميع الأحوال ، إذا كان لدينا جملتان في علاقة تناقض ، فلا يمكن أن تكون كل مهما صادقة .

وللتذكير مرة أخرى ، الترادف والانضواء والتضاد علاقات بين الكلمات . أما التناظر والاستلزام والتناقض فهي علاقات بين الجمل . دقق في هذه المعادلة :

الترادف	الانضواء	التضاد
___ =	___ =	___
التناظر	الاستلزام	التناقض

في هذه المعادلة الخلاصة ، نلاحظ ما يلي :

١ . البسوط (ترادف ، انضواء ، تضاد) علاقات بين الكلمات .

٢ . المقامات (تناظر ، استلزام ، تناقض) علاقات بين الجمل .

٣ . الترادف يشبه التناظر ، إذ كلاهما مماثلة في المعنى ، مع فارق أن الترادف يكون بين الكلمات والتناظر يكون بين الجمل .

٤ . الانضواء يشبه الاستلزام والانضواء يؤدي إلى الاستلزام ، مع فارق أن الانضواء يكون بين الكلمات والاستلزام يكون بين الجمل .

٥ . التضاد يشبه التناقض من حيث أن كليهما اختلاف في المعنى ، مع فارق أن التضاد يكن بين الكلمات والت ناقض يكون بين الجمل .

العلاقة بين التضاد والتناقض :

هل يؤدي التضاد بين الكلمات إلى تناقض بين الجمل ؟ إذا كانت لدينا جملتان متطابقتان في كل الكلمات إلاّ في الكلمة (س) في الجملة (أ) والكلمة (ص) في الجملة (ب) وكانت س و ص في علاقة ت ضاد ، فهل يؤدي هذا إلى جعل (أ) و (ب) في علاقة تناقض ؟

١ . هذه الشجرة شجرة تفاح .

٢ . هذه الشجرة شجرة برتقال .

٣ . هذا اليوم هو يوم السبت .

٤ . هذا اليوم هو يوم الأحد .

٥ . هذا الرجل صدوق .

٦ . هذا الرجل كذوب .

هذه الجمل (١-٦) تحتوي على ثلاثة ثنائيات من الجمل ، الجملة (١) تناقض الجملة (٢) لأنه يستحيل أن تكون الشجرة ذاتها تفاحاً وبرتقالاً في آن واحد . الجملتان (٣، ٤) في علاقة تناقض أيضاً لأن ذلك اليوم لا يمكن أن يكون سبتاً واحداً معاً . والجملتان (٥ ، ٦) في علاقة تناقض أيضاً للسبب ذاته .

سبب تناقض الجمل هنا هو أن تفاح / برتقال في علاقة تضاد انتسابي ، سبت/ أحد في تضاد دائري ، صدوق/ كذوب في تضاد متدرج . تضاد الكلمات أدى إلى تناقض الجمل (١-٦) .

انظر إلى هذه الجمل :

٧ . اشترى الرجل خروفاً .

٨ . اشترى الرجل حصاناً .

٩ . بعض الناس يحبون فرنسا .

١٠ . بعض الناس يحبون إيطاليا .

من الممكن أن تكون الجملة (٧) صادقة مع صدق الجملة (٨) ، إذ من الممكن أن يشتري الرجل حصاناً ويشتري خروفاً أيضاً . إذاً ، الجملتان (٧ ، ٨) ليستا في علاقة تناقض . الجملتان (٩ ، ١٠) ليستا في علاقة تناقض أيضاً ، إذ كلاهما صادقة .

إذاً ، لا يؤدي تضاد الكلمات إلى تناقض الجمل دائماً . أحياناً ، يؤدي التضاد إلى تناقض وأحياناً لا يؤدي . المعيار هنا التعبير الدال . إذا كان التعبير دالاً وكانت الأخبار عنه متضادة ، أدى التضاد إلى تناقض (٢/١ ، ٤/٣ ، ٦/٥) . أما إذا لم يكن التضاد في الأخبار عن مدلول واحد ، فإن التضاد لا يؤدي إلى تناقض (٨/٧ ، ١٠/٩) .

وهكذا ، يمكن أن نصوغ قانوناً يبين العلاقة بين التضاد والتناقض على النحو الآتي : إذا تطابقت جملتان في كل الكلمات إلاّ في موقع كلمة واحدة وكان الكلمة س في الجملة (أ) تضاد الكلمة ص في الجملة (ب) وكن التضاد في الخبر عن مدلول واحد ، فإن الجملة (أ) تكون في علاقة تناقض مع الجملة (ب) .

تمارين (٥)

أ . هل التضاد بين الثنائيات التالية حاد أم متدرج ؟

١ . معتدل ، دافئ ______

٢ . كريم ، بخيل ______

٣ . شجاع ، جبان ______

٤ . طالب ، طالبة ______

٥ . طفل ، طفلة ______

ب . هل التضاد بين الثنائيات التالية تضاد عكسي أم تضاد متدرج أم تضاد حاد ؟

٦ . أعار ، استعار ______

٧ . أقرض ، استقرض ______

٨ . إذِنَ ، استأذن ______

٩ . طبيب ، طبيبة ______

١٠ . جادّ ، كسول ______

جـ . هل التضاد بين الثنائيات اتجاهي أم غير اتجاهي ؟

١١ . يمين ، يسار ______

١٢ . مهندس ، مهندسة ______

١٣ . شرق ، جنوب ______

١٤ . طمع ، قناعة ______

١٥ . جنوب شرق ، شمال غرب ______

د . هل التضاد بين هذه الثنائيات عمودي أم امتدادي ؟

‏١٦ . فوق ، تحت ـــــــــ

‏١٧ . شمال شرق ، جنوب غرب ـــــــــ

‏١٨ . جنوب شرق ، شمال غرب ـــــــــ

‏١٩ . جنوب غرب ، شمال غرب ـــــــــ

‏٢٠ . شمال ، جنوب ـــــــــ

هـ . هل التضاد بين هذه الثنائيات رتبي أم دائري أم انتسابي ؟

‏٢١ . الدرجة الأولى ، الدرجة الثانية ـــــــــ

‏٢٢ . تموز ، آب ـــــــــ

‏٢٣ . نمر ، أسد ـــــــــ

‏٢٤ . الخريف ، الشتاء ـــــــــ

‏٢٥ . الخيار ، الكوسا ـــــــــ

‏٢٦ . فريق أول ، مشير ـــــــــ

‏٢٧ . أستاذ مشارك ، أستاذ ـــــــــ

‏٢٨ . الثلاثاء ، الأربعاء ـــــــــ

و . أي من هذه العلاقات تضاد ثنائي وأي تضاد متعدد ؟

‏٢٩ . تضاد حاد ـــــــــ

‏٣٠ . تضاد انتسابي ـــــــــ

‏٣١ . تضاد امتدادي ـــــــــ

‏٣٢ . تضاد رتبي ـــــــــ

‏٣٣ . تضاد عكسي ـــــــــ

٣٤ . تضاد متدرج   ——

٣٥ . تضاد دائري   ==

٣٦ . تضاد عمودي   ——

ز . اذكر فرقاً واحداً بين هذين المصطلحين :

٣٧ . التضاد والتناقض ——————————————————————

٣٨ . التضاد الحاد و التضاد المتدرج ——————————————————

٣٩ . التضاد العكسي وسواه من أنواع التضاد ——————————————

٤٠ . التضاد العمودي والتضاد الأفقي ——————————————————

٤١ . التضاد الـدائـري والتضـاد الرتبـي ——————————————————

٤٢ . التضاد الثنائي والتضاد المتعدد ——————————————————

ح . حدد إن كانت الجمل الآتية صواباً (نعم) أم خطأ (لا) :

٤٣ . التضاد يشمل التناقض .   نعم   لا

٤٤ . التضاد الحاد هو عكس التضاد المتدرج .   نعم   لا

٤٥ . جنوب شرق وجنوب غرب في تضاد عمودي .   نعم   لا

٤٦ . شمال شرق وجنوب غرب في تضاد عمودي .   نعم   لا

٤٧ . إذا كانت العلاقات بين مجموعة من الكلمات انتسابية ،

فكل كلمة منها في علاقة انضواء مع كلمة هي عنوان المجموعة.   نعم   لا

٤٨ . التضاد العكسي تضاد غير اتجاهي .   نعم   لا

٤٩ . التضاد الانتسابي تضاد ثنائي .   نعم   لا

٥٠ . علاقة الترادف بالتناظر مثل علاقة التضاد بالتناقض .   نعم   لا

٥١ . علاقة الانضواء بالاستلزام مثل علاقة التناقض بالتضاد .   نعم   لا

٥٢ . التنافر هو التضاد المتعدد .   نعم   لا

٥٣ . التضاد الجزئي نوع من التضاد الثنائي .   نعم   لا

٥٤ . في التضاد الجزئي ، يصلح الجزء أن يكون مضافاً إليه والكل مضافا   نعم   لا

مفتاح الإجابات (٥)

١.   متدرج
٢.   متدرج
٣.   متدرج
٤.   حاد
٥.   حاد
٦.   عكسي
٧.   عكسي
٨.   عكسي
٩.   حاد

١٠. متدرج

١١. اتجاهي

١٢. غير اتجاهي

١٣. اتجاهي

١٤. غير اتجاهي

١٥. اتجاهي

١٦. عمودي

١٧. امتدادي

١٨. امتدادي

١٩. عمودي

٢٠. امتدادي

٢١. رتبي

٢٢. دائري

٢٣. انتسابي

٢٤. دائري

٢٥. انتسابي

٢٦. رتبي

٢٧. رتبي

٢٨. دائري

٢٩. ثنائي

٣٠. متعدد

٣١. ثنائي

٣٢. متعدد

٣٣. ثنائي

٣٤. ثنائي

٣٥. متعدد

٣٦. ثنائي

٣٧. التضاد بين الكلمات والتناقض بين الجمل

٣٨. الحاد لا يقبل التدرج والمتدرج يقبله .

٣٩. التضاد العكسي تلازمي تبادلي ، فإذا حصل بيع مثلاً لابد أن يلازمه شراء في آن واحد ، خلافاً لسواه من أنواع التضاد .

٤٠. في العمودي يتعامد مدلول الضدين و في الامتدادين يكون مدلولا الضدين على امتداد خط واحد .

٤١. في التضاد الدائري لا تتضح البداية ولا النهاية . في التضاد الرتبي البداية والنهاية واضحتان .

٤٢. في الثنائي ، تتضاد كلمتان فقط . في المتعدد ، تتضاد عدة كلمات .

٤٣. لا . التناقض بين الجمل والتضاد بين الكلمات .

٤٤. نعم

٤٥. نعم

٤٦. لا . هما في تضاد امتدادي

٤٧. نعم

٤٨. نعم

٤٩. لا ، إنه تضاد متعدد

٥٠. نعم

٥١. لا . علاقة الانضواء بالاستلزام مثل علاقة التضاد بالتناقض .

٥٢. نعم

٥٣. نعم

٥٤. لا ، الجزء مضاف والكل مضاف إليه .

الفصل السادس

غموض المعنى

قد تكون الكلمة غامضة المعنى ، وهذا يعني أن لها أكثر من معنى واحد : معنيان أو أكثر . وقد تكون الجملة غامضة المعنى ، وهذا يعني أن لها أكثر من معنى واحد . في هذا الفصل ، سنتناول أسباب وأنواع غموض المعنى في الكلمة والجملة .

غموض معنى الكلمة :

تكون الكلمة غامضة المعنى إذا كان لها أكثر من معنى واحد . وقد يساعد السياق في تحديد المعنى المقصود ، ولكن السياق – إذا كان محدوداً – قد لا يقدم المساعدة الكافية .

انظر إلى هذه الكلمات :

١ . قَدَم : عضو في الجسم ، وحدة في الطول .

٢ . قَرْن : مئة سنة ، قرن الحيوان .

٣ . سنّ : عمر ، أحد الأسنان .

٤ . ذراع : عضو الجسم ، وحدة قياس الطول .

٥ . لسان : عضو الجسم ، لغة .

٦ . عملية : في الجراحة ، في التجارة ، في الحرب .

٧ . عين : عين الإبرة ، عين النظر ، عين الماء ، الجاسوس ، وجيه من الأعيان ، نفس أو ذات ، النقود ، وعين السماء .

٨ . قال : قال يقول ، قال يقيل .

٩ . وَجَد : عَلِم ، حَقَدَ ، وجد بعد الفقدان .

١٠ . يحيا ، يحيى .

١١ . ضاع : يضيع ، يضوع .

١٢ . يد : عضو الجسم ، قوة

١٣ . إنسان : ابن آدم ، إنسان العين .

١٤ . الربيع : اسم شخص ، الفصل .

١٥ . الفضل : اسم شخص ، مصدر .

١٦ . خال : أخو الأم ، خال على الوجه .

١٤ . فاتح : بداية (فاتح الش٩ر) ، من يفتح ، ضد غامق .

١٨ . دقيق : طحين ، فيه دقة ، ضد سميك .

١٩ . فَصْل : من فصول السنة ، من فصول الكتاب ، صف في مدرسة ، إنهاء الخدمة ، من فصول السنة الدراسية ، من فصول المسرحية ، نهائي (قَوْلٌ فَصْل) .

في الأمثلة السابقة (١ – ١٩) ، نرى أن الكلمة الواحدة لها معنيان (مثل ١ ، ٢ ، ٣) . ولكن في بعض الحالات ، نرى أن الكلمة الواحدة لها عدة معان مثل عين وفصل (٧ ، ١٩) . وإذا درسنا الكلمة (عين) بتفصيل أكثر، نجد أننا نتحدث عن عين الإنسان أولاً ، ولكن نقول عين الإبرة أيضاً ،

ونقول تدفق الماء من العين ، واستخدموه عيناً لهم (أي جاسوساً) ، وهو عـين في قومـه (أي وجيه) ، وجاء الرجل عينه (أي نفسه) ، والعين (المـال) ، وتوسطت الشـمس عـين السماء (أي وسطها) .

ومـن أمثلـة تعدد معـاني الكلمـة الواحـدة (فصل) . فالسـنة لها أربعـة فصـول ، والكتاب يتكون من فصول ، والمدرسـة فيهـا فصـول أي صـفوف ، والسـنة الدراسـية فيهـا فصلان أو ثلاثة (إذا حسبنا الفصل الصيفي) ، والمسرحية لها فصول ، والقول الفصل هـو القول الحاسم النهائي ، وقد يُفصل المرء فصلاً من عمله .

الاشتراك اللفظي :

غموض المعنى هو تعدد معاني الكلمة الواحدة أو الجملة الواحدة . ولذلك ، في حالة غموض معنى الكلمة ، يـدعوه الـبعض الاشـتراك اللفظـي . وكـلا المصطلحين يـدلان عـلى الشيء نفسه . مصطلح غموض المعنى يركز على النتيجة : وهي أن هناك معنيين أو أكـثر مما أدى إلى غموض المعنى . أما مصطلح الاشتراك اللفظي فإنه يركز على السبب : سبب الغموض هو اشتراك معنيين أو أكثر في كلمة واحدة؛ السبب هو الاشـتراك والنتيجـة هـي الغموض .

ويقصد بالاشتراك اللفظي أن الكلمة الواحدة تنطق بالطريقة ذاتها مهما كان المعنى الذي تحمله ، أي إن الكلمة س تنطق بطريقة واحدة سواء أكانت تعني ص أم تعنـي ع . وهذا هو الحال مع الأمثلة (١ - ١٩) .

فإن كلمة (سنّ) مثلاً تنطق بطريقة واحدة إذا كان معناها (عُمُر) أو كان معناها (أحد الأسنان) .

في اللغة العربية لا توجد مشكلة العلاقة بين الحروف والأصوات ، في حين أن لغة مثل الإنجليزية توجد فيها هذه المشكلة . في العربية إذا تطابقت الكتابة تطابق اللفظ . في الإنجليزية ، قد تتطابق الكتابة ولا يتطابق اللفظ)مثل read كفعل مضارع و read كفعل ماضٍ) ، وقد يتطابق اللفظ ولا تتطابق الكتابة (I, eye) . في العربية ، حيث يوجد اشتراك لفظي يوجد اشتراك كتابي غالباً . ولكن في الإنجليزية ، قد يوجد اشتراك لفظي دون اشتراك كتابي ، وقد يوجد اشتراك كتابي دون اشتراك لفظي .

في العربية حالات محدودة جداً من الاشتراك اللفظي غير المصحوب باشتراك كتابي (يحيا ، يحيى) . هذا اشتراك لفظي ولكن (يحيا) فعل و (يحيى) اسم شخ . لاحظ أن الكلمة التي تبدي ظاهرة الاشتراك اللفظي تدعى **المشترك اللفظي .**

الاشتراك اللفظي والترادف :

يختلف الاشتراك اللفظي عـن الـترادف ، بالطبع . الاشـتراك اللفظي هـو أن تكـون الكلمة الواحدة متعددة المعاني أي إن الكلمة الواحدة ذات معانٍ مختلفة . بالمقابل ، الترادف هو أن تكون كلمتان ذاتي معنى واحد . الاشتراك ينطلق مـن كلمة واحدة لها معنيان ، أما الترادف فإنه ينطلق من كلمتين لهما معنى واحد .

ويمكن النظر إلى الاشتراك اللفظي على أن كلمة واحدة لها مرادفتان غير مترادفتين . بعبارة أخرى ، الكلمة س لها مترادفتان هما ص و ع ، دون أن تكون ص وع مترادفتين . شرط الاشتراك اللفظي ألا تكون ص مرادفة لِ ع ، لأنه لو كانت ص و ع مترادفتين لصار لدينا ثلاثة كلمات أو عبارات مترادفة هي ص ، ص ، ع . مثلاً : (خال) تعني (أخو الأم) و (خال الوجه) . ولكن أخو الأم لا يرادف خال الوجه .

أنواع الاشتراك اللفظي :

هل هناك علاقة بين معاني المشترك اللفظي الواحد ؟ لنر الأمثلة السابقة (١-١٩) قبل الإجابة عن هذا السؤال .

(قدم) تعني عضو الجسم المعروف وتعني وحدة الطول التي هي ٣٠ .٤٨ سم . من الواضح أن هناك علاقة بين المعنيين . مثال آخر (ذراع) ، التي هي عضو الجسم ووحدة الطول؛ هناك علاقة واضحة بين المعنيين . مثال ثالث (لسان) ، التي هي عضو الجسم واللغة؛ إن العلاقة هنا واضحة : فاللسان هو العضو الناشط في نطق اللغة ومن غير اللسان لا يمكن الكلام . مثال رابع (فصل) بمعانيها المختلفة : فصول الكتاب وفصول السنة وفصول المدرسة وفصول المسرحية . جميع هذه الفصول تتشارك في مفهوم التقسيم إلى وحدات .

إذاً ، في كثير من الحالات توجد علاقة واضحة بين معاني المشترك اللفظي . ولكن في بعض الحالات لا تظهر مثل هذه العلاقة . مثال ذلك

(قرن) ، إذ لا علاقة بين المعنيين : مئة سنة وقرن الثور . مثال ثانٍ (وَجَدَ) : لا علاقة بين حقد وعَلِمَ . مثال ثالث (قال) بمعنى تكلم وبمعنى القيلولة .

وكما ذكرنا سابقاً ، في بعض حالات الاشتراك اللفظي ، يظهر للكلمة معنيان فقط في بعض الحالات يظهر أكثر من ذلك .

وهكذا ، نرى أن الاشتراك اللفظي عدة أنواع :

١ . **اشتراك لفظي ثنائي المعنى** : مشترك لفظي له معنيان (مثل سن) .

٢ . **اشتراك لفظي متعدد المعنى** : مشترك لفظي متعدد المعاني (مثل عين) .

٣ . **اشتراك لفظي مع علاقة** بين المعاني مثل (قَدَمَ ، عين ، فَصْل) .

٤ . **اشتراك لفظي دون علاقة** بين المعاني مثل (قرن ، خال) .

الاشتراك اللفظي والتضاد :

في بعض الحالات ، نجد أن المشترك اللفظي له معنيان في حال التضاد وهذه مشكلة كبيرة في الاتصال ، بل يرى بعض العلماء أن الاشتراك مع التضاد غير ممكن ، إذ كيف يمكن أن تدل كلمة واحدة على معنيين متضادين ؟ البعض ينكر وجود مثل هذا النوع من الاشتراك أي أن يكون للكلمة الواحدة معنيان في حالة تضاد .

وقد دعا بعض العلماء العرب مثل هذه المشتركات اللفظية التي تتضاد معانيها **أضداد** (جمع ضد) . ومن هذه الأضداد ما يلي :

١ . جون : الأبيض ، الأسود .

٢ . صريم : الليل ، النهار .

٣ . كثَب : قرب ، بُعد .

٤ . جلل : عظم ، حقير .

٥ . مفازا : فوز ، صحراء .

٦ . أبيض : أبيض ، أسود .

٧ . بصير : بصير ، أعمى .

٨ . وراء : خلف ، أمام .

٩ . حَلَّق : غار ، طار .

١٠ . وثب : قفز ، جلس .

١١ . طاعم : طاعم ، مطعوم .

ولا أميل في هذا الكتاب أن أدعو مثل هذه المشتركات أضداداً ، لأن (الضاد)
جمع ضد ، والضد كلمة في حالة تضاد مع أخرى . وفي فصل سابق (الفصل الخامس) ،
حصرنا التضاد في علاقة بين كلمتين يتضاد معناهما . ولا نريد أن نخلط بين المصطلحات
فنجعل التضاد يشمل الكلمة الواحدة متضادة المعاني . فبدلاً من مصطلح الأضداد (الـذي
يقصد به البعض مشتركاً لفظياً له معنيان متضادان) ، يمكن أن نستخدم مصطلح **المشترك
اللفظي المتضاد** . إن دقة المصطلح يتطلب بيان حدوده تماماً حصراً وقصراً بحيث لا
يختلط مع مصطلح آخر ولا مـدلول آخر . وفي المثال (١١) ، العلاقـة بيـن (طـاعم) (
ومطعوم) علاقـة تضاد وهما متضادتان ، وكل منهما ضد للأخرى . ولكـن (طـاعم)
مشترك لفظي متضاد (أي له معنيان في حالة تضاد) .

تفسير الاشتراك اللفظي :

تثور في الفكر دائماً أسئلة عن سبب الاشتراك اللفظي ؟ لماذا كلمة واحدة لها أكثر من معنى واحد ؟ إلا يؤدي إلى إرباك السامع أو القارئ ؟ ألا يعطل تعدد المعاني الاتصال أو يشوش عليه ؟ كيف ولماذا يكون لكلمة واحدة ليس معنيان فقط بل عدة معانٍ أحياناً ؟ إلا يزيد هذا من البلبلة ويتعارض هذا مع وظيفة اللغة ؟ كيف يكون لكلمة واحدة معنيان متضادان ، وليس مختلفين فقط ؟ كيف نشأ الاشتراك اللفظي ؟ وما سببه ؟ وما هدفه ؟

للاشتراك اللفظي أسباب وأهداف عديدة منها :

١ . **الاقتصاد** . عدد المعاني يفوق عدد الكلمات عشرات المرات ، وهناك معانٍ تجد كل يوم بسبب الاختراعات وبسبب منتجات عمليات التفكير . لا نستطيع أن نبتكر كلمات جديدة لكل مدلول جديد . ولذلك ، نسند إلى الكلمة القائمة معاني جديد . مثلاً ، كلمة (طائرة) كانت موجودة قبل اختراع الطائرة وكان لها معنى مثل (طائر) مع التأنيث . وبعد اختراع الطائرة ، أضيف إلى طائرة المعنى الجديد . وهكذا سيارة وقطار وهاتف . إذاً الاشتراك اللفظي هو طريقة اقتصادية للاستعمال اللغوي ، طريقة بها نقتصد في عدد الكلمات ولكن نزيد في عدد المعاني ، أو بالأحرى نحافظ على عدد الكلمات مع زيادة كفاءتها الوظيفية . وبذلك تصبح الكلمة مثل أداة متعددة الوظائف أو مثل قاعة متعددة الأغراض .

٢ . **تعمد الغموض** . أحياناً يحدث الاشتراك اللفظي بدافع تعمد الغموض لإحداث التشويق الاتصالي أو لأسباب بلاغية . مثال ذلك : فاقعد فأنت الطاعم الكاسي ، والمقصود بها المطعوم المكسو .

٣ . **المجاز المرسل** . ومنه إطلاق السبب على الشيء (الإثم : الإثم ، الخمر) . ومنه العلاقة المكانية كما في (مصر تستنكر) ، حيث المقصود (أهل مصر) ، فصارت مصر تعني البلد أو السكان . ومنه العلاقة الجزئية كما في (وضعوا أصابعهم في آذانهم) ، حيث (أصابع) تعني أنامل ، أي رؤوس الأصابع .

٤ . **اختلاف الاشتقاق** . (قال) مشترك لفظي بين القول والقيلولة . فهي أصلاً (قَوَلَ) م القول ، وهي أيضاً أصلاً (قَيَل) من القيلولة . ويظهر هذا في المضارعين يقول ويقيل . وكذلك ، ضاع ، يضيع ، وضاع يضوع : ضاع القلمُ يضيع وضاع العطر يضوع .

٥ . **التأدب** . بدلاً من قولنا إنه أعمى ، نقول إنه بصير من باب التأدب . أي تستخدم الكلمة الإيجابية لتدل على المعنى الإيجابي والمعنى السلبي أيضاً . بصير : بصير ، أعمى .

٦ . **التهكم** . وهو عكس هذا التأدب . هنا تطلق الكلمة الإيجابية على معنيين بهدف التهكم وليس بهدف التأدب . فيقال هو فصيح عمن كان متعثر اللسان . فصيح : فصيح ، متعثر . وسبب الاشتراك اللفظي هنا التهكم .

٧ . **التلطف** . وهو يشبه التأدب إلا أنه أعم في مواقف الاستعمال ، فالتأدب شخصي والتلطف جماعي دول العالم الثالث كانوا يدعونها الدول المتأخرة . ثم تلطفوا في التعبير فصارت تدعى الدول قليلة النمو ، تلطفوا أكثر فصارت تدعى الدول النامية . إذاً ، (نامٍ) تعني متقدم ، (ومتأخر) . سبب الاشتراك اللفظي هنا هو التلطف .

٨ . **المجاز العقلي** . أحياناً يستخدم اسم الفاعل ليدل على اسم المفعول أيضاً . راضٍ ومرضي . طاعم : طاعم ومطعوم . كاسٍ : كاسٍ ومكسو .

٩ . **اختلاف اللهجات** . قد تعني كلمة ما المعنى س في لهجة ما ، والكلمةذاتها تعني المعنى ص في لهجة أخرى . فيصبح لهذه الكلمة المعنيان س و ص في اللغة عامة . مثال ذلك جون : أبيض وأسود .

١٠ . **التفاؤل** . قد يتعدد معنى الكلمة الواحدة من باب التفاؤل بالخير . (مفازا) هي مكان الفوز أساساً . ثم صارت الصحراء مفازا أيضاً تفاؤلاً بقطعها بسلام . مفازا : مكان الفوز والصحراء . هذا اشتراك لفظي بدافع التفاؤل .

غموض معنى الجملة :

فيما سبق حتى الآن تحدثنا عن غموض معنى الكلمة . هنا نتحدث معنى الجملة . وتكون الجملة غامضة المعنى إذا كان لها معنيان مختلفان أو أكثر . مثلاً ،

١ . رأيه عن كثب .

٢ . إن الأمر جلل .

٣ . لا يكتب خالد مثل سمير .

٤ . قرأ موسوعة العلوم الأمريكية .

الجملة (١) تعني رآه عن قرب أو بعد : لها معنيان . إذاً ، هـي غامضـة المعنـى ، وبسبب الغموض وجود كلمة غامضة المعنى هي (كثب) . وكذلك الجملة (٢) ، الأمـر عظيم أو حقير . لها معنيان ، فهي غامضة المعنى بسبب وجود كلمة غامضة المعنـى . غموض المعنى في الجملة (١ ، ٢) هو غموض ناشئ عن غموض كلمة في الجملـة . مثل هذا الغموض ندعوه **الغموض المفرداتي** .

ولكن انظر إلى الجملة (٣) . قد تعني أن خالداً وسميراً لا يكتبان . وقد تعني أن سميراً أمهر من خالد في الكتابة . وسبب الغموض هنا ليس غموض كلمة ، بل غموض في التركيب النحوي . وفي الجملة (٤) هناك غموض في المعنـى أيضـاً . قـد تعنـي أن العلـوم هي الأمريكية أو أن الموسوعة هي الأمريكية ، وسبب الغموض هنا هو التركيب النحوي ، وليس وجود كلمة غامضة . مثـل هـذا الغمـوض نـدعوه **الغمـوض النحـوي أو الغمـوض التركيبي** .

العلاقة بين غموض الكلمة وغموض الجملة :

١ . اقترب منه كثيراً واستطاع أن يراه عن كثب .

٢ . رآه عن كثب .

٣ . التحق بجامعة العلوم اليمنية .

في الجملة (١) ، توجد كلمة غامضة (كثب) ، ولكن الجملة ليست غامضة . فالجملة (٢) ، توجد كلمة غامضة (كثب) والجملة غامضة . في الجملة (١) ، السياق حدد المعنى وأزال الغموض عن الجملة . وفي الجملة (٢) ، الكلمة الغامضة أدت إلى غموض الجملة بسبب عدم وجود سياق كافٍ يزيل الغموض . في الجملة (٣) ، هناك غموض نحوي : الجامعة يمنية أو العلوم يمنية .

وهكذا ، نلاحظ أن غموض الكلمة وغموض الجملة يتخذان العلاقات الآتية :

١ . قد تحتوي الجملة على كلمة غامضة ولكن الجملة لا تكون غامضة المعنى (جملة ١) .

٢ . قد تحتوي الجملة على كلمة غامضة وتكون الجملة غامضة المعنى (جملة ٢) .

٣ . قد لا تحتوي الجملة على أية كلمة غامضة ، ولكن الجملة تكون غامضة (جملة ٣) .

بعبارة أخرى ، في العلاقة (١) غموض الكلمة لم يؤدِ إلى غموض الجملة . في العلاقة (٢) ، غموض الكلمة أدى إلى غموض الجملة (غموض مفرداتي) . في العلاقة (٣) ، الجملة غامضة غموضاً نحوياً دون أن تكون فيها كلمة غامضة .

التراكيب النحوية الغامضة :

ما هي التراكيب النحوية الغامضة ؟ ما هي التراكيب التي تؤدي إلى غموض المعنى ؟ كل لغة فيها تراكيب نحوية غامضة . هنا سنتحدث عن التراكيب النحوية الغامضة في اللغة العربية فقط ، مع التذكر بأن بعض التراكيب قد يكون غموضها مشتركاً بين عدة لغات .

١ . **المضاف :** إذا أضفنا مصدراً مشتقاً من فعل متعدٍ إلى اسم لاحق ، فإن هذا التركيب قد يحتمل أكثر من معنى واحد . وهذه بعض الأمثلة :

١ . مساعدة الوالدين :

أ . مساعدة مقدمة إلى الوالدين ،

ب . أو مساعدة مقدمة منهما .

٢ . إعانة الدولة :

أ . إعانة من الدولة ،

ب . أو إعانة إلى الدولة .

إن هذا الغموض في المعنى لا يحدث في جميع حالات إضافة المصدر المشتق من فعل متعد ، بل يقتصر حدوثه على حالة يكون فيها المضاف إليه حياً قابلاً لأن يكون قائماً بالفعل أو متلقياً للفعل . فإذا قلنا مثلاً "تنظيف البيت" ، فإن هذا التركيب لا يحتمل سوى معنى واحد ، لأن البيت يتلقى الفعل ولا يقوم به .

ولتجنب الغموض في مثل هذه التراكيب يستحسن صياغة التركيب على النحو التالي :

١ . مساعدة الوالدين للأبناء ،

أو مساعدة الأبناء للوالدين .

٢ . إعانة الدولة للمواطنين ،

أو إعانة المواطنين للدولة .

في مثل هذه الصياغة ينتفي الغموض لأن التركيب الجديد يوضح مـن قـام بالفعل ومن وقع عليه الفعل .

وفي بعض الحالات ، لا تشكل إضافة المصدر على المشتق من فعل متعـد إلى مضاف إليه حي أي غموض ، وذلك ناشئ عن مألوفية التركيب وفهم النـاس لـه عـلى نحـو واحـد بسبب كثرة استعمال التركيب وارتباطه بمعنى واحد دون سواه . مثال ذلك :

١ . تدريب المعلمين .

٢ . كفاءة المتفوقين .

٣ . إدارة المدرسة .

هذه التراكيب شاع استعمالها وارتبط كل منها بمعنى واحد على التوالي ما يلي :

١ . المعلمون يتلقون التدريب .

٢ . المتفوقون يتلقون مكافآت .

٣ . المدرسة هي التي تدار .

٢ . **التشبيه بعد النفي .** إذا وقع التشبيه بعد نفي فقد يفهم المعنى عـلى أن المشـبه هو الحالة المنفية أو غير المنفية . وهذه بعض الأمثلة :

١ . لا يكتب الولد مثل أخيه . قد تعني هذه الجملة :

أ . أن الولد لا يكتب وأن أخاه لا يكتب أيضاً ،

ب . أو أن كليهما يكتبان ولكن الأخ أفضل في الكتابة ،

ج . أو أن الولد لا يكتب ولكن أخاه يكتب .

٢ . لم يأت مبكراً كعادته . قد تعني هذه الجملة :

أ . أن عادته الحضور المبكر ولكنه تأخر هذه المرة على غير عادته ،

ب . أو أن عادته هي التأخر وتأخر هذه المرة جرياً على عادته .

٣ . تطير الحوامة في الهواء دون مطبات مثلما يحدث للطائرات العادية . قد تعني هذه الجملة :

أ . أن الحوامة والطائرة العادية تتشابهان من حيث الطيران دون مطبات ،

ب . أو أن الحوامة تطير دون مطبات ، ولكن الطائرة العادية تطير متعرضة لمطبات .

ورغم أن السياق قد يوضح المعنى الـذي يقصـد إليـه الكاتـب ، إلا أن هـذه الجمـل تبقى مبهمة دون سياق وبشكلها الحالي . وإذا أردنا الوضوح فلا بد مـن إعـادة الصياغة بحيث يتحدد المعنى المقصود دون التباس . وهناك عدة طرق لإعادة الصياغة ، ولقد ذكر بعضها في معرض سرد المعاني المحتملة للتراكيب .

٣ . **الجار والمجرور** . إذا احتار القارئ في تعليق الجار والمجرور ، فقـد تفهـم الجملـة على غير ما قصد بها . وهذه بعض الأمثلة :

١ . تأثير التمرين على الاختبار :

أ . التأثير على الاختبار ،

ب . أو التمرين على الاختبار .

٢ . وجدت الرابطة لحماية الأطفال من جميع المذاهب :

أ . الأطفال من جميع المذاهب ،

ب . الحماية من جميع المذاهب .

ولدفع التباس ، فقد يسعف السياق القارئ ، وإذا أردنا الوقاية من الالتباس ، تحسن إعادة الصياغة على النحو التالي مثلاً :

١/ أ . التمرين تأثير على الاختبار .

١/ب . التمرين على الاختبار تأثير .

٢/أ . وجدت الرابطة من أجل الأطفال على اختلاف مذاهبهم .

٢/ب . وجدت الرابطة لتحمي الأطفال من المذاهب (الدخيلة) .

٤ . **الموصوف والصفة المنسوبة** : أحياناً ينشئ الغموض من موصوف صفته منسوبة . وهذه بعض الأمثلة :

١ . التعاون الجماعي : قد تعني

أ . تعاوناً بين جماعة وجماعة ،

ب . أو تعاوناً بين أفراد الجماعة الواحدة .

ب . اتجاهات مستقبلية : قد تعني

أ . اتجاهات نحو المستقبل ،

ب . أو اتجاهات تحدث في المستقبل .

٣ . خدمات تربوية : قد تعني

أ . خدمات التربية ،

ب . أو خدمات في التربية .

٤ . خدمات طلابية : قد تعني

أ . خدمات يقدها الطلاب .

ب . أو خدمات تقدم للطلاب .

٥ . ملاحظة صفية : قد تعني

أ . أن الملاحظة يقوم بها الصف .

ب . أو أن الصف هو الملاحظ . (بفتح الحاء) ،

ج . أو أن الملاحظة مكانها الصف .

٦ . الضريبة المدرسية : قد تعني

أ . ضريبة قد تدفعها للمدرسة .

ب . أو ضريبة يدفعها الناس من أجل المدرسة .

٧ . التعليم الجاري : قد تعني

أ . هذه العبارة تعليماً بقصد التجارة والربح ،

ب . أو تعني تخصص التجارة .

٨ . التعليم التوزيعي : قد تعني

أ . إن التعليم ذاته مُوَزْع ،

ب . أو تعليم مادة التوزيع إحدى فروع التجارة .

٩ . ثورة علمية : قد تعني

أ . ثورة قائمة على أسس علمية مدروسة ،

ب . أو تدريباً تتعاون في إنجازه أكثر من جهة .

١٠ . تدريب تعاوني : قد تعني

أ . تدريب الطلاب مثلاً على التعاون .

ب . أو تدريباً تتعاون في إنجازه أ :ثر من جهة .

١١ . دراسة مهنية : قد تعني

أ . دراسة المهنة ذاتها تحليلاً وتقيماً ،

ب . أو دراسة قام بها مهني متخصص ،

ج . أو دراسة الطالب في المعهد أو الجامعة ضمن متطلبات التأهل لمهنة ما .

١٢ . بحث اجتماعي : قد تعني

أ . بحثاً ضمن علم الاجتماع ،

ب . أو بحث يتعلق بالمجتمع .

١٣ . المفهوم الذاتي : قد تعني

أ . مفهوم المرء عن ذاته ،

ب . أو المفهوم الذي تكوّن ذاتياً .

١٤ . مخالفات مدرسية : قد تعني .

أ . مخالفات قامت بها المدرسة وإدارتها ضد الأنظمة ،

ب . أو مخالفات وقعت ضمن جدران المدرسة وقام بها التلاميذ .

١٥ . استقصاء علمي : قد تعني

أ . استقصاء بأسلوب علمي ،

ب . الاستقصاء موضوعه أحد فروع العلم .

١٦ . مسح مدرسي : قد يعني

أ . مسحاً تقوم به المدرسة .

ب . أو مسحاً يقوم به باحث لمدرسة ما .

ج . أو مسحاً يقوم به باحث لعدة مدارس .

١٧ . التوجيه الجماعي : قد يعني

أ . توجيهاً موجهاً إلى جماعة ما ،

ب . أو توجيهاً صادراً من جماعة ما .

١٨ . الساعات المكتبية : قد تعني

أ . ساعات المكتب ،

ب . أو ساعات المكتبة .

١٩ . النمو المهني : قد تعني هذه العبارة

أ . نمو المهنة ذاتها ،

ب . أو نمو الشخص ضمن مهنته .

٢٠ . التأمين المدرسي : قد يعني

أ . تأميناً يتم داخل المدرسة يدفع به الطلاب ،

ب . أو تأميناً على مدرسة ككل تدفع كلمته المدرسة أو الهيئة المشرفة عليها .

٢١ . كفاح طبقي : قد يعني

أ . كفاح الطبقة ككل من أجل العيش ،

ب . أو كفاحها ضد طبقة أخرى .

٢٢ . مدرس جامعي : قد يعني

أ . مدرساً في الجامعة ،

ب . أو مدرساً يحمل شهادة جامعية .

٢٣ . القراءة النطقية : قد تعني

أ . قوامها النطق أي جهرية وليست صامتة ،

ب . أو قراءة وإدراك ما ينطقه الآخرون عن طريقة مراقبة حركات الفم إذا كـان القارئ أصم .

٢٤ . مواد طلابية : قد تعني

أ . مواداً مخصصة للطلاب .

ب . أو مواداً صنعها الطلاب بأنفسهم .

وهكذا نرى أن الصفة إذا كانت منسوبة فإنها تسبب غموضاً في المعنى في كثير مـن الحالات . يزيـل السياق هـذا العضـو أحياناً ، ولكنـه يتوجب عـلى الكاتب في كثير مـن الحـالات أن يزيـل الغموض بنفسـه عـن طريق تحديد مـا يقصد بالمثال أو الشرـح أو التعريف أو إعادة الصياغة بطريقة ينتفي معها الغموض .

٥ . العطف : مـن أسـباب غمـوض المعنـى العطـف ، إذ قـد يحتـار القـارئ في رد المعطوف على المعطوف عليه . وهذه بعض الأمثلة :

١ . ينتجون الصواريخ المضادة للطائرات والمصفحات : قد تعني هذه الجملة

أ . أنهم ينتجون الصواريخ والمصفحات ،

ب . أو أنهم ينتجون نوعين من الصواريخ : نوعاً مضاداً للطـائرات ونوعـاً مضاداً للمصفحات .

وإذا كان المعنى المقصود هو المعنى الأول فالأفضل أن تكون الصياغة عـلى النحـو التالي : ينتجون المصفحات والصواريخ المضادة للطائرات . وإذا كان المعنـى الثاني هـو المقصود فالأفضل أن تكون

الصياغة على النحو التالي : ينتجون الصواريخ المضادة للطائرات وللمصفحات .

٢ . علم التوزيع أو التبيؤ البشري :

أ . قد تعني أن كلمة (التبيؤ) معطوفة على (علم) فيكون علم التوزيع هـو التبيؤ البشري .

ب . وقد تعني أن كلمة (التبيؤ) معطوفة على (التوزيع) فيكون علم التوزيع هو علم التبيؤ البشري .

وينشأ الغموض هنا عن الحيرة في تحديد المعطوف عليه : (علم) أم كلمة (التوزيع) ؟ وقد يفيد الشكل أي وضع حركات الإعراب في تحديد المعطوف عليه أحياناً . وقد يزيل السياق الغموض أحياناً ، غـير أن التركيب بحـد ذاتـه ، دون سياق ودون شكل ، غامض لابد من توضيحه بالشكل أو السياق .

٣ . الموجودات أو الأصول الحقيقية : قد تعني

أ . أن (الأصول) معطوفه على (الموجودات) ، فتكـون الموجودات هـي الأول وكلاهما حقيقي .

ب . أو أن (الأصول الحقيقية) معطوفـة عـلى الموجـودات ، فتكـون الموجـودات هي الأصول الحقيقية .

وينشأ الغموض هنا عن الحيرة أي في تحديد المعطوف : هل هو (الأصـول) أم (الأصول الحقيقية) ؟ أو إزالة الغموض ، فإن الصياغة التالية أفضل :

أ . الموجودات (أو الأصول) الحقيقية .

ب . الموجودات (أو الأصول الحقيقية) .

٦ . **العطف بـ (أو) :**

بالإضافة إلى الغموض الذي قد ينجم عن العطف بسبب الحيرة في تحديد أو المعطوف عليه ، فإن (أو) قد تفرض مشكلة خاصة من حيث المعنى ، إذ من المعروف أن (أو) تفيد التخيير . ولكن السؤال هو : هل المعطوف مرادف للمعطوف عليه في المعنى ولو اختلف عنه في الشكل أم مختلف عنه في المعنى والشكل معاً ؟ وهذه بعض الأمثلة :

١ . إن النتيجة هي س أو ص : قد تعني هذه الجملة

أ . أن النتيجة نفسها لها اسمان هما س و ص . أي أن النتيجة واحدة ، يسميها البعض س ويسميها البعض الآخر ص .

ب . أو أن النتيجة قد تكون س في بعض الحالات وص في حالات أخرى . أي أن س و ص لا تشيران إلى الشيء نفسه .

ولإزالة الغموض في مثل هذه الجملة ، من الأفضل أن تكون الصياغة كما يلي :

أ . إن النتيجة هي س (أو ص) .

ب . إن النتيجة هي إما س وإما ص .

٢. إن العلوم أو الدراسات الإنسانية : قد تعني

أ . أن العلوم هي الدراسات الإنسانية ،

ب . أو أن العلوم تختلف عن الدراسات الإنسانية ،

ج . أو أن العلوم هي الدراسات ، وكلاهما إنسانية .

ومنشأ الغموض هنا مزدوج . فهناك غموض ناشئ عن تحديد المعطوف : هـل هو (الدراسات) أم (الدراسات الإنسانية) ؟ وهناك غموض ناشئ عن (أو) ذاتها .

وبالطبع ، فإن السـياق أو المعنـى العـام قـد يزيل الغمـوض . ولكن إذا نظرنـا إلى التركيب ذاته ، فإن احتمال الغموض قائم .

فلو كانت الجملة كما يلي : إن طالـب العلـوم أو الدراسـات الإنسانية يقوم بأبحاث واسعة ، فقـد يفهم القارئ واحداً أو أكثر من المعـاني (أ) ، (ب) ، (ج) ، المشار إليها سابقاً .

ولإزالة الغموض فإن تعديل الصياغة قد يفيد :

أ . العلوم (أو الدراسات الإنسانية) : وهذا يدل عـلى أن العلـوم تـرادف الدراسات الإنسانية .

ب . الدراسات الإنسانية أو العلوم : وهـذا يـدل عـلى عـدم الـترادف بـين الدراسات الإنسانية العلوم .

ج . العلوم (أو الدراسات) الإنسانية : وهذا يدل على أن العلوم ترادف للدراسات .

٧ . المضاف والمضاف إليه والصفة : قـد ينشأ الغموض عـن الحيرة في تحديد الموصوف الذي تصفه الصفة . ويتخذ هذا التركيب الصيغة التالية : مضاف + مضاف إليه + صفة معرفة . ففي مثل هـذا التركيب ، قـد يقصد الكاتب أن تكون الصفة تابعة للمضاف ، حيث أنها معرفة بـ : (ال)

التعريف والمضاف معرف بإضافته إلى معرفة . و قد يقصد الكاتب أن تكون الصفة تابعة في المضاف إليه ، حيث إن كليهما معرفة أيضاً .

وهذه بعض الأمثلة :

١ . بناء الصف الاجتماعي : قد تعني

أ . أن البناء هو الاجتماعي ،

ب . أو أن الصف هو الاجتماعي .

٢ . اختبار الذكاء اللغوي : قد تعني

أ . أن الاختبار هو اللغوي ،

ب . أو أن الذكاء هو اللغوي .

ومن الممكن إزالة الغموض عن طريق الشكل ، أي بإضافة حركات الإعراب . ومن المعروف في اللغة أن الصفة تلتصق بالموصوف . فإذا أريد أن تكون الصفة تابعة للمضاف وليس للمضاف إليه ، فإن الصيغ التالية تكون واضحة بلا غموض :

١ . البناء الاجتماعي للصف ،

٢ . الاختبار اللغوي للذكاء .

وفي بعض الحالات ، ينتفي الغموض بسبب شيوع الاستعمال . وهذه بعض الأمثلة :

١ . صفات الفقرة الجيدة . فالفقرة هنا هي الجيدة ، وليست الصفات .

٢ . أسلوب التعليم المُصَغّر . فالتعليم هنا هو المصغر وليس الأسلوب .

وقد تحددت تبعية الصفة هنا بفعل التصاقها بالموصوف وبفعل شيوع اصطلاح الفقرة الجيدة واصطلاح التعليم المصغر .

وفي بعض الحالات ، لا ينشأ أي فرق في المعنى سواء تبعت الصفة المضاف أو المضاف إليه ، ولكن هذه حالات محدودة جداً . وعلى سبيل المثال : منحنى التوزيع الاعتدالي . فقد يكون المنحنى هو الاعتدالي وقد يكون التوزيع هو على اعتداله . وفي كلتا الحالتين ، المعنى واحد في علم الإحصاء .

غموض الجملة والتناظر :

كما شرحنا العلاقة بين اشتراك اللفظي والترادف ، نود هنا شرح العلاقة بين غموض معنى الجملة (أو غموض الجملة) والتناظر .

تكون الجملة غامضة المعنى إذا كانت في حالة تناظر مع جملتين (كلاً على حده) دون أن تكون هاتان الجملتان في حالة تناظر . بالترميز ، الجملة (أ) تناظر الجملة (س) والجملة (أ) تناظر أيضاً الجملة (ص) ، و لكن (س) لا تناظر (ص) . في هذه الحالة تكون الجملة (أ) غامضة المعنى .

مثلاً ، لم يحضر زيد متأخراً كعادته . وهذه الجملة (أ) تعني : الجملة (س) لم يتأخر زيد في الحضور وعدم التأخر عادته ، أو الجملة (ص) : لم

يتأخر زيد في الحضور هذه المرة والتأخر عادته . أ تناظر كلاً من س و ص في حين أن س لا تناظر ص . إذاً ، الجملة (أ) غامضة المعنى .

غموض الدلالة :

غموض الدلالة لكلمة ما هو ألا تتحدد السمات الدلالية لها أو لمدلولها تحدداً دقيقاً ، أي هناك بعض الغموض يشوب بعض السمات الدلالية . مثلاً ، هل هذا المرتفع من الأرض الذي أمامنا جبل أم تلّ ؟ ما الحد الفاصل بين الجبل والتل ؟ متى يكون الجبل جبلاً والتل تلاً ؟ ما الذي يجعل الجبل جبلاً وما الذي يجعل التل تلاً ؟ ما السمات الدلالية الأساسية للجبل وما السمات الأساسية للتل ؟ ما الذي يميز هذا عن ذاك ؟

هذه حالة من حالات غموض الدلالة ، أي هناك غموض في صفات أو سمات المدلول عليه . هل هذا المدلول (الشيء) جبل أم ليس جبلاً ؟

غموض المعنى مختلف ، كما ذكرنا . غموض المعنى أن يكون لكلمة واحدة (أو جملة واحدة) معنيان مختلفان . (دارس) تعني (من يدرس) أو بائد اندثر . هذه حالة غموض المعنى أو الاشتراك اللفظي (في حالة غموض معنى الكلمة) . ولكن ، هل هذا الذي أمامنا بحر أم بحيرة ؟ هذه حالة غموض في الدلالة .

تمارين (٦)

أ . هل الكلمات الآتية غامضة المعنى : (نعم) أم (لا) ؟

١ . استحال	نعم	لا
٢ . استحضر	نعم	لا
٣ . الشمس	نعم	لا
٤ . اجتمع	نعم	لا
٥ . ماء	نعم	لا

ب . اذكر معنيين لكل كلمة مما يلي :

٦ . طَيِّبَ ـــــ ـــــ

٧ . غُلٌّ ـــــ ـــــ

٨ . غلامٌ ـــــ ـــــ

٩ . قرين ـــــ ـــــ

١٠ . كَلَفٌ ـــــ ـــــ

١١ . كلمة ـــــ ـــــ

١٢ . حدَّ ـــــ ـــــ

١٣ . محافظ ـــــ ـــــ

١٤ . الربيع ـــــ ـــــ

١٥ . سفرجل ـــــ ـــــ

١٦ . صارم ـــــ ـــــ

١٧ . خَزَفي ـــــ ـــــ

١٨ . صلّى ـــــ ـــــ

١٩ . لَحْن ـــــ ـــــ

٢٠ . مَرَحٌ ـــــ ـــــ

٢١ . سَيْرٌ ـــــ ـــــ

جـ ارجع إلى السؤال (ب) . هل بين المعنيين لكل مشترك لفظي سابق علاقة (نعم) أم لا توجد علاقة (لا) ؟ وما العلاقة بينهما ؟

٢٢ . طّيّبَ نعم لا ـــــ

٢٣ . غُلٌّ نعم لا ـــــ

٢٤ . غلامٌ نعم لا ـــــ

٢٥ . قرين نعم لا ـــــ

٢٦ . كَلَفٌ نعم لا ـــــ

٢٧ . كلمة نعم لا ـــــ

٢٨ . حدَّ نعم لا ـــــ

٢٩ . محافظ نعم لا ـــــ

٣٠ . الربيع نعم لا ـــــ

٣١ . سفرجل نعم لا ـــــ

٣٢ . صارم نعم لا ـــــ

٣٣ . خَزَفي نعم لا ـــــ

٣٤ . صلّى نعم لا ـــــ

٣٥ . لَحْن نعم لا ـــــ

٣٦ . مَرَحٌ نعم لا ـــــ

٣٧ . سَيْرٌ نعم لا ــــــ

د . هل هذه الجمل غامضة : (نعم) أم (لا) ؟ وإن كانت غامضة ، فهل غموضها مفرداتي أم نحوي ؟

٣٨ . لابد من مساعدة الوالدين . نعم لا ــــــ

٣٩ . الوالدان في حاجة إلى المساعدة . نعم لا ــــــ

٤٠ . لا يتقن السباحة مثل أخيه . نعم لا ــــــ

٤١ . هو وأخوه لا يتقنان السباحة . نعم لا ــــــ

٤٢ . أخوه يتقن السباحة أفضل منه . نعم لا ــــــ

٤٣ . لقد فقد الطفل سِنّهُ . نعم لا ــــــ

٤٤ . لقد جاء قرن جديد . نعم لا ــــــ

٤٥ . نادِ ذلك الغلام . نعم لا ــــــ

٤٦ . يحب صداقة المحافظين . نعم لا ــــــ

٤٧ . إنه يتصف بالمرح . نعم لا ــــــ

٤٨ . إنهم ينتجون الفواكه والخضار المجففة .نعم لا ــــــ

٤٩ . ينتجون الفواكه المجففة والخضار المجففة نعم لا ــــــ

٥٠ . إنه جدول جميل . نعم لا ــــــ

٥١ . تم تخزينها في ذاكرة الإنسان الآلي . نعم لا ــــــ

هـ . هذه الجمل غامضة نحوياً . ما المعاني المحتملة لكل منها ؟

٥٢ . اشترِ س أو ص .

أ . ــــــــــــــــ

ب . ــــــــــــــــ

٥٣ . قام برصد المخزون الحالي .

أ . _____

ب . _____

٥٤ . اشترى كتباً وموسوعات حديثة .

أ . _____

ب . _____

٥٥ . طالع كثيراً عن مشكلات السياسة والتاريخ .

أ . _____

ب . _____

٥٦ . لابد من تحذير الأطفال من جميع الطوائف .

أ . _____

ب . _____

٥٧ . لم يخن الأمانة كعادته .

أ . _____

ب . _____

و . ارجع إلى التمرين السابق (هـ) ، وبين سبب غموض الجملة في كل حالة :

٥٨ . اشترِ س أو ص .   ـــــــــ

٥٩ . قام برصد المخزون الحالي .   ـــــــــ

٦٠ . أجرى بحثاً عن حصيلة اللغة المكتسبة .   ـــــــــ

٦١ . اشترى كتباً وموسوعات حديثة .   ـــــــــ

٦٢ . طالع كثيراً عن مشكلات السياسة والتاريخ .   ـــــــــ

٦٣ . لابد من تحذير الأطفال من جميع الطوائف . ______

٦٤ . لم يخن الأمانة كعادته . ______

ز . هل هذه الحالات غموض في المعنى أم غموض في الدلالة ؟

٦٥ . هل هذا نهر أم جدول ؟ ______

٦٦ . هل هذا بحر أم بحيرة ؟ ______

٦٧ . هل هذا قارب أم سفينة ؟ ______

٦٨ . هل هذه شجرة أم شجيرة ؟ ______

٦٩ . هل (قَلْبٌ) مصدر قَلَّبَ أم القلب في الصدر ؟ ______

٧٠ . هل (ظهور) جمع ظهر أم مصدر ظَهَرَ ؟ ______

٧١ . هل (راس) تليين رأس أم اسم فاعل من رسا ؟ ______

مفتاح الإجابة (٦)

١. نعم

٢. نعم

٣. لا

٤. لا

٥. لا

٦. جعله طيباً، ضمَّخه بالطيب .

٧. عطش ، قَيْد

٨. صبيَ ، خادم

٩. زوج ، مصاحب

١٠. نَمَش ، ولوع

١١. لفظة ، خطبة

١٢. صار حادّاً (للسكين) ، اشتدَّ (للرائحة)

١٣. حاكم المنطقة ، من يحافظ على العادات والتقاليد .

١٤. فصل من السنة ، عشب الربيع .

١٥. الشجرة ، الثمرة

١٦. قاطع (للسيف) ، شجاع (للرجل) .

١٧. صانع الخزف ، بائع الخزف .

١٨. أقام الصلاة ، دعا .

١٩. من الموسيقى ، خطأ في الإعراب .

٢٠. فرح شديد ، تباهٍ وبطَرٌ

٢١. مصدر سار ، قطعة مستطيلة من الجلد

٢٢. نعم ، الحُسْن

٢٣. لا

٢٤. نعم . الطاعة .

٢٥. نعم . المصاحبة .

٢٦. لا

٢٧. نعم . جزء من كل

٢٨. نعم . الشدة .

٢٩. نعم . يحافظ على الأمن ويحافظ على التقاليد .

٣٠. نعم . الزمان والمكان .

٣١. نعم . الشجرة سبب في الثمرة .

٣٢. نعم . كلاهما حاسم .

٣٣. نعم . الخزف .

٣٤. نعم . الخضوع والحاجة .

٣٥. لا

٣٦. لا

٣٧. لا

٣٨. نعم . غموض نحوي .

٣٩. لا

٤٠. نعم . غموض نحوي .

٤١. لا

٤٢. لا

٤٣. لا

٤٤. نعم . غموض مفرداتي (قرن غامضة)

٤٥. نعم . غموض مفرداتي (غلام غامضة)

٤٦. نعم . غموض مفرداتي (محافظ غامضة)

٤٧. نعم . غموض مفرداتي (مرح غامضة) .

٤٨. نعم . غموض نحوي

٤٩. لا

٥٠. نعم . غموض مفرداتي (جدول غامضة)

٥١. لا

٥٢. أ . اشتر س ، التي تدعى ص .

ب . لك الحرية في أن تشتري س أو ص .

٥٣. أ . الرصد الحالي للمخزون

ب . الرصد للمخزون الحالي .

٥٤. أ . الموسوعات فقد هي الحديثة

ب . الكتب والموسوعات حديثة .

٥٥. أ . قرأ عن التاريخ ومشكلات السياسة .

ب . قرأ عن مشكلات السياسة ومشكلات التاريخ .

٥٦. أ . الأطفال هم من جميع الطوائف .

ب . الأطفال يجب تحذيرهم من جميع الطوائف .

٥٧. أ . عادته خيانة الأمانة ، لكن لم يخن هذه المرة .

ب . لم يخن الأمانة ، وعادته عدم الخيانة .

٥٨. أ . السبب وجود أو ، التي قد تفيد التخيير مع الترادف أو التخيير دون ترادف

٥٩. أ . السبب هو تركيب المضاف والمضاف إليه والصفة ، مما أدى إلى الحيرة في تحديد الموصوف .

٦٠. مثل (٥٩) .

٦١. السبت هو الصفة بعد العطف ، والحيرة في تحديد الموصوف .

٦٢. السبب وجود الواو والحيرة في تحديد المعطوف عليه .

٦٣. السبب هو الجار والمجرور ، والحيرة في تحديد المتعلّق به .

٦٤. السبب هو التشبيه بعد النفي .

٦٥. غموض الدلالة

٦٦. غموض الدلالة
٦٧. غموض الدلالة
٦٨. غموض الدلالة

الفصل السابع

الحقول الدلالية

في اللغة الواحدة مئات الآلاف من الكلمات ، بل قد يصل العدد إلى نصف مليون. كلمة أو أكثر . وهذا العدد يتوقف على طريقة الإحصاء . هل (كتب ، يكتب ، اكتب ، كاتب ، مكتوب ، كتاب ، كتابة) كلمة واحدة أم سبع كلمات مختلفة ؟ أضف إليها كاتبة ، كاتبات ، كاتبون ، كاتبان ، كاتبتان ، يصبح المجموعة اثنتي عشر كلمة . هل الكلمة ومشتقاتها تعتبر كلمة واحدة أو تعتبر كل مشتقة كلمة مستقلة ؟

طبيعة الحقل الدلالي :

هل يمكن تصنيف الكلمات حسب حقولها الدلالية أو حقولها المعجمية (كما يدعوها البعض) ؟ وكيف يتم هذا التصنيف ؟ هل تنتمي الكلمتان سيارة وبرتقالة إلى حقل واحد ؟ مبدئياً ، هذا ممكن ، إذا كان الحقل هو "الموجودات" أو "الأشياء" . ولكن (سيارة) تنتمي إلى حقل أضيق هو "وسائل النقل" ، و(برتقاله) تنتمي إلى حقل أضيق هو (الفواكه) .

الحقل المعجمي هو صنف أو عنوان تندرج تحته مجموعة كلمات تتراوح عددها بين اثنتين وبضع مئات أو بضع آلاف : مثلاً ، (سيارة)

تنتمي إلى حقل المصنوعات . وإذا أردنا تضييق الحقل ، نقول أنها تنتمي إلى حقل وسائل النقل المصنوعة ، لنستثنى وسائل النقل الحيوانية (مثل الخيول والجمال) . ويمكن تضييق الحقل أكثر ، فنقول حقل وسائل النقل البرية لاستثناء وسائل النقل الجوية والبحرية .

كلما ضيقنا الحقل الدلالي ، قل عدد الكلمات المنتمية إليه مثلاً ، حقل الحيوانات يشمل آلاف الحيوانات . ولكن الطيور يشمل مئات الطيور لأن حقل الطيور أضيق من حقل الحيوانات . واستطراداً ، حقل الطيور البحرية يشمل عشرات الطيور ، لأنه أضيق من حقل الطيور على إطلاقه .

محتويات الحقل الدلالي :

في الغالب تقع الكلمات المترادفة في حقل واحد ، استوعب ، فهم ، أدرك ، عرف . كما تقع الكلمات المتضادة في حقل واحد ، مثل حار - بارد ، شجاع - جبان ، كريم - بخيل ، عالم - جاهل .

وتقع الكلمات المشتقة من جذر واحد في حقل واحد . مثال ذلك عَلِمَ ، أَعْلَمَ ، استعلمَ ، علَّمَ ، تَعَلَّمَ ، يَعْلَم ، يُعلم ، يستعلم ، يعلِّم ، يتعلَّم ، أعلم ، أعلِم ، استعلم ، علِّم ، تعلَّم ، عالم ، عالمة ، علماء ، عالمان ، علم ، معلم ، مُعْلِم ، إعلام ، . . . . .الخ ، أي الفعل الماضي والأفعال المزيدة والمضارع والأمر واسم الفاعل واسم المفعول والمصدر واسم الهيئة واسم النوع والصفة المشبهة وصيغة المبالغة اسم الزمان واسم المكان وغيرها من المشتقات . كل هذه المشتقات تتبع حقلاً دلالياً واحداً .

وليست الكلمات المترادفة فقط هي التي تقع في حقل و احد ، بل إن الكلمات المنضوية تتبع الحقل ذاته التي تنتمي إليه الكلمات المشتملة : مثلاً أسد / حيوان ، طفل / إنسان ، أخ/ قريب ، تفاح/ فاكهة .

يضاف إلى ذلك أن الكلمات التي في علاقة تضاد (تضاد حاد أو متدرج أو عكسي- أو عمودي أو امتدادي أو دائري أو رتبي أو انتسابي أو جزئي) تنتمي إلى حقل واحد . مثال ذلك ، ذكر / أنثى (تضاد حاد) ، كريم / بخيل (تضاد متدرج) ، باع / اشترى (تضاد عكسي) ، شمال/ شرق (تضاد عمودي) ، شمال / جنوب (تضاد امتدادي) ، السبت/ الأحد (تضاد دائري) ، عقيد / عميد (تضاد رتبي) ، موز / برتقال / تفاح (تضاد انتسابي) ، باب / غرفة (تضاد جزئي) . كل الكلمات التي تتشابه في معانيها أو تتضاد تنتمي إلى حقل دلالي و احد .

يضاف إلى ذلك أن الكلمات التي تظهر علاقات اقتران أفقي هي في الغالب تنتمي إلى حقل واحد . مثلاً ،

١ . خرير الماء .

٢ . زئير الأسد .

٣ . صهيل الخيول .

٤ . براءة الأطفال .

٥ . الأذن تسمع .

٦ . العين ترى .

٧ . القلب يخفق .

٨ . المعدة تهضم .

٩ . الإيمان بالله .

١٠ . الإيمان باليوم الآخر .

هذه الأمثلة الاقترانية تبين الصوت الصادر (الأمثلة ١ – ٣) ، وقد عبر عنه نحوياً بالمضاف والمضاف إليه : الصوت مضاف ومصدره مضاف إليه . وتبين الصفة المقترنة (مثال ٤) . وتبين الوظيفة (الأمثلة ٥ - ٨) مصوغة في جملة فعلية . وتبين الاقتران بالتعدية بوساطة حرف الجر (المثالان ٩ – ١٠) .

أمثلة عن الحقول الدلالية :

كل مجموعة من الكلمات يمكن أن تندرج تحت عنوان أو صنف تشكل في الواقع حقلاً دلالياً ، غير أن الأمر قد ينطوي على اختلاف في وجهات النظر . هل الحيوانات كلها حقل واحد أم من الممكن تقسيمها إلى عدة حقول : ثديات ، طيور ، أسماك ، زواحف ، حشرات ؟ حتى الحشرات : هل كلها حقل واحد أم نقسمها إلى عدة حقول فرعية : حشرات ضارة ، حشرات نافعة ، حشرات طائرة ؟ قد يكون مناسباً أن نتحدث عن **حقول دلالية رئيسة وحقول دلالي فرعية .**

ومن الحقول التي يمكن تصنيف الكلمات إليها ما يلي : الأقارب ، الثديات ، الطيور ، الأسماك ، الزواحف ، الحشرات ، الأزهار ، الأعشاب ، الأشجار المثمرة ، الأشجار الحرجية ، الأدوية ، الأمراض ، أدوات المطبخ،

الأثاث ، وسائل النقـل ، أعضـاء الجسـم ، أدوات الحـرب ، الوظـائف المدنيـة ، الرتـب العسكرية ، الألوان ، المطبوعـات القرطاسية (الأدوات المكتبية) ، الرياضة ، المعاملات المصرفية ، الإدارة ، التجارة ، الحرف المختلفة ، والمهن المختلفة . والقائمة ، لاشـك ، طويلـة جداً . وكثير من هذه الحقول الرئيسة يمكن تقسيمها إلى حقول دلالية فرعية دون شك .

توزيع الكلمات على الحقول الدلالية :

إذا أردنا التعامل مع الحقـول الدلاليـة وتوزيـع الكلـمات عليـها ، فـلا بـد مـن اتبـاع الخطوات الآتية :

١ . يجب أن نحدد الحقول الدلالية كخطوة أولى .

٢ . بعد ذلك ، يمكن تفريـع الحقـول الدلاليـة الرئيسـة إلى حقول دلاليـة فرعيـة . مثـلاً ، الإنسان ذكر أو أنثى ، ثُمَّ كل مهما بالغ أو غير بالغ . مثال آخر : الأقارب تتفرع إلى فروع من جهة الأب وفروع من جهة الأم ، ثُمّ كـل مـنهما يتفـرع إلى ذكـر وأنثى . مثال ثالـث الأمراض يمكن تفريعها إلى أمراض الجهاز الهضمي وأمراض الجهاز التنفسي وأمراض الجهاز العصبي وأمراض الجهاز الدموي . . . وهكذا .

٣ . الآن ، يصبح لدنيا عدد محدود ومحصور من الحقول الدلالية الفرعية .

٤ . بعد ذلك ، نبدأ في توزيع الكلمات على الحقول الفرعيـة ، (وليس عـلى الحقـول الرئيسة) .

٥ . كل كلمة معجمية لابد من توزيعها على حقل فرعـي . وإذا تبـيّن أن كلمـة مـا لا يناسبها أي حقل ، فهذا يدل على قصور في عدد الحقول وأنواعها ، الأمـر ا لـذي يسـتدعي إعادة النظر في تفريع الحقول .

٦ . من المهم ملاحظة أن الكلمة الواحدة لا تنتمي إلاّ لحقل فرعي واحد ، فلا يجـوز أن تظهر الكلمة الواحدة في حقلين .

أنواع الحقول الدلالية :

ما أنواع الحقول الدلالية ؟ الإجابة عن هـذا السـؤال ليسـت سـهلة . انظـر إلى هـذه المجموعات :

١ . كتاب ، دفتر ، كرسي ، سيارة ، غرفة ، شجرة ، جبل ، بحـر ، نهـر ، طيـارة ، طـائر ، سمكة ، حديد .

٢ . جَلَسَ ، رَكَضَ ، مَشَى ، قام ، كتب ، قرأ ، سَبَحَ ، نام ، درس .

٣ . جلوس ، مشي ، تفكير ، قراءة ، كتابة ، سباحة ، نوم ، قيام .

٤ . بعيد ، قريب ، ذكي ، كريم ، أحمر ، سعيد ، متساهل ، متسامح .

٥ . في ، بين ، فوق ، تحت ، إلى ، عن .

إذا نظرنا في المجموعات الأربع السابقة ، نجد أن المجموعـة الأولى هـي مـا يمكـن أن نسميه موجودات . المجموعة الثانية هي أحداث بلغة علم الدلالة أو أفعـال بلغـة علـم النحو . المجموعة الثالثة هي مجردات بلغة علـم الدلالـة أو مصـادر بلغـة علـم النحـو . المجموعة الرابعة هي صفات . والمجموع الخامسة هـي علاقـات أو كلـمات رابطـة بلغـة علم الدلالة أو في أغلبها حروف بلغة علم النحو .

إن اللغة عالم معقّد متداخل . وتزداد المشكلة تعقيداً إذا عرفنا أن ما ندرسه هو اللغة وأن وسيلة التعبير هي اللغة أيضاً . وبعبارة أخرى ، موضوع الدراسة هو اللغة بكل تعقيداتها وأداة التعبير هي اللغة بكل تعقيداتها أيضاً . ومما يزيد الأمر تعقيداً على تعقيد هو أننا ندرس من اللغة أعقد موضوع فيها ، ألا وهو المعنى ، بل معنى المعنى ، إذا شئتَ .

إن التصنيفات الخمسة (موجودات ، أحداث ، مجردات ، صفات ، علاقات) ليست نهائية وليست فوق النقاش أو الاعتراض ، بل هي مثار تساؤلات عديدة . مثلاً ، هل كَتَبَ حَدَثٌ وكتابة ليست حدثاً ؟ ألا يدل المصدر على حدث أيضاً ؟ وهل (سعادة) من المجردات و (سعيد) ليست من المجردات ؟ في كثير من الأحيان ، يضطر المرء إلى اتخاذ تصنيفات اعتباطية ولو بشكل جزئي ، والأمور ليست قطعية دائماً .

العلاقات داخل الحقل الدلالي :

الكلمات داخل الحقل الدلالي الواحد إما أن تكون في حالة تشابه في المعنى وإما أن تكون في حالة اختلاف . فإن كانت في حالة تشابه ، فهي إما في حالة ترادف (رأى ، أبصر) وإما في حالة انضواء (عصفور ، طائر) .

وإن كانت الكلمات في حالة اختلاف في المعنى ، فهي في حالة تضاد حاد (طفل ، طفلة) أو تضاد متدرج (شجاع ، جبان) أو تضاد عكسي (عَلَّم ، تَعلَّمَ) أو تضاد عمودي (شمال ، غرب) أو تضاد امتدادي (شمال ، جنوب) أو تضاد دائري (أشهرْ السنة) أو تضاد رتبي

(الرتب في الجيش) أو تضاد انتسابي (حصان ، حمار ، أسد ، نمر) أو تضاد جزئي (غطاء ، قلم) . ؟

جميع علاقات التشابه والاختلاف بين معاني الكلمات هي علاقات بين الكلمات التي تنتمي إلى حقل دلالي واحد . وبالطبع ، تستثنى من هذه العلاقات علاقات التناظر وعلاقات الاستلزام والتناقض لأن هذه العلاقات علاقات بين الجمل ، وليست علاقات بين الكلمات . الحقول الدلالية تشمل الكلمات فق ، ولا تشمل الجمل .

تطبيقات الحقول الدلالية :

إن نظرية الحقول الدلالية تساعدنا في جوانب عديدة نظرياً وتطبيقياً على حد سواء . ومن أمثلة ذلك ما يلي :

١ . تسهل الحقول الدلالية عملية كشف العلاقات بين معاني الكلمات : ترادف ، انضواء ، تضاد (بأنواعه التسعة) ، لأن هذه العلاقات هي أساساً علاقات بين كلمات الحقل الدلالي الواحد . تجميع الكلمات في حقول دلالية يجعل علمية كشف العلاقات بينها عملية يسيرة .

٢ . المعجم التقليدي يعطينا قائمة هجائية أو ألفبائية بكلمات اللغة دون تجميع قائم على أساس المعنى . إن ألفبائية المعجم هي وسيلة تحقق أمراً واحداً فقد هو تسهيل الترتيب والاسترجاع . بالحقول الدلالية ، من الممكن

صنع معاجم تعتمد على المفاهيم والحقول الدلالية ، بدلاً من معاجم تعتمد على القوائم الألفبائية . بالطبع ، من الممكن داخل كل حقل دلالي أن نستفيد من ألفبائية الترتيب ، وبذلك نجمع بين ميزة الحقول وميزة الترتيب الألفبائي .

٣ . تقسيم الكلمات إلى حقول دلالية يجعل الدراسات المقارنة بين اللغات أسهل وأشمل ، فنعرف على نحو أيسر أين تتشابه اللغات وأين تتقابل على مستوى الحقول والكلمات .

٤ . الحقول الدلالية تعطينا صورة متكاملة عن طبيعة اللغة وكلماتها بدلاً من قائمة تحتوي على مئات الآلاف من الكلمات المتناثرة التي لا يربط بينها رابط . الحقول ذاتها تظهر الروابط الدلالية بين الكلمات لأنها تقوم على التصنيف والتجميع المعتمد على الدلالة والمعنى معا .

تمارين (٧)

أ . اختر (لا) إذا كانت الجملة التالية خطأ أو (نعم) إذا كانت الجملة صواباً:

١ . الحقل الدلالي هو ذاته الامتداد .   نعم   لا

٢ . الحقل الدلالي والحقل المعجمي مصطلحان مترادفان .   نعم   لا

٣ . هناك تناسب طردي بين اتساع الحقل الدلالي وعدد كلماته . نعم   لا

٤ . عدد الحقول الدلالية في اللغة عدد متفق عليه و لا مجال للخلاف حوله . نعم لا

٥ . الحقل الدلالي ه مجموعة كلمات يصعب إيجاد علاقة بينها . نعم لا

٦ . الحقل الدلالي يشمل الكلمات التي تدل على موجودات فقط . نعم لا

٧ . الكلمات المتضادة لا تقع ضمن حقل دلالي واحد . نعم لا

٨ . الكلمة ومشتقاتها تقع ضمن الحقل الدلالي الواحد . نعم لا

٩ . الكلمة المنضوية والكلمة المشتملة تقعان ضمن الحقل الدلالي الواحد . نعم لا

١٠ . تلميذ وتلاميذ تقع ضمن حقل دلالي واحد . نعم لا

١١ . الكلمات التي في علاقة ترادف أو انضواء أو تضاد يمكن أن يحل بعضها محل بعض رأسياً ، أي هي في علاقة رأسية من حيث الاستعمال في الجملة . نعم لا

١٢ . إذا لم تكن الكلمات في علاقة رأسية من حيث استعمالها في الجملة ، فلا يمكن أن تكون في حقل دلالي واحد . نعم لا

١٣ . الكملتان (عين ورؤية) لا تنتميان إلى حقل دلالي واحد . نعم لا

١٤ . التضاد العمودي لا يجعل الكلمات في حقل دلالي واحد . نعم لا

١٥ . الكلمات ذات التضاد الانتسابي لا تقع في حقل واحد . نعم لا

١٦ . الكلمات ذات التضاد الجزئي تقع في حقل واحد . نعم لا

١٧ . إذا انتمت كلمة إلى حقل فرعي ما ، فلا يمكن أن تنتمي إلى حقل فرعي آخر . نعم لا

١٨ . إذا انتمت كلمة إلى حقل فرعي ما ، فلا يمكن أن تنتمي إلى حقل رئيس . نعم لا

١٩ . بعض الكلمات لا تنتمي إلى أي حقل . نعم لا

٢٠ . الحروف لا تنتمي إلى أي حقل . نعم لا

ب . ما نوع كل مجموعة مما يلي (موجودات ، أحداث ، مجردات ، صفات ، علاقات) ؟

٢١ . أسد ، نمر ، كتاب ، بناية ____

٢٢ . على ، في ، من ، إلى ____

٢٣ . سياحة ، سباحة ، سَيْر ، ارتباك ____

٢٤ . استمرَّ ، تدحرج ، صعد ، تَحَرَّك ____

٢٥ . كبير ، صغير ، قديم ، جدي ____

جـ . اقترح حقلاً دلالياً لكل مجموعة مما يلي :

٢٦ . سرير ، كرسي ، طاولة ، مكتب ____

٢٧ . قلم ، مسطرة ، مساحة ، ورقة ____

٢٨ . سيارة ، ناقلة ، شاحنة ، صهريج ____

٢٩ . أكسجين ، هيدروجين ، نيتروجين ، هيليوم ____

٣٠ . خيار ، كوسا ، خسّ ، ملفوف ____

٣١ . مدرسة ، كلية ، جامعة ، روضة ____

٣٢ . أخ ، أخت ، عم ، خال ____

٣٣ . أحمر ، أزرق ، أصفر ، أخضر ____

٣٤ . صداع ، زكام ، قرحة ، حصبة ____

٣٥ . صحيفة ، جريدة ، كتاب ، موسوعة ـــــ

٣٦ . شرق ، غرب ، شمال ، جنوب ـــــ

٣٧ . أب ، أم ، ابن ، ابنة ـــــ

د . ضع خطاً تحت الكلمة التي لا تنتمي إلى المجموعة واقترح حقلاً دالالياً لباقي كلمات المجموعة :

٣٨ . موز ، تفاح ، برتقال ، مشمش ، زهرة ـــــ

٣٩ . عمة ، خالة ، صديقة ، جدة ، جد ـــــ

٤٠ . سيارة ، سفينة ، طائرة ، بحيرة ، قارب ـــــ

٤١ . أمين ، كريم ، صادق ، نزيه ، كبير ـــــ

٤٢ . ثانية ، دقيقة ، ملعب ، ساعة ، يوم ـــــ

٤٣ . جريٌ ، تفكير ، قفْزٌ ، وثْبٌ ، مشيٌ ـــــ

ما العلاقات بين المجموعات الآتية التي تنتمي كل منها إلى حقل دلالي واحد ؟ راج أنـواع التضاد والترادف .

٤٤ . معلِّم ، مدرِّس ـــــ

٤٥ . شمال شرق ، جنوب غرب ـــــ

٤٦ . مقود ، سيارة ـــــ

٤٧ . كرسي ، أثاث ـــــ

٤٨ . كتبَ ، قرأ ـــــ

٤٩ . زرافة ، نعامة ـــــ

٥٠ . شمال شرق ، شمال غرب ـــــ

٥١ . قناعة ، جشع ـــــ

٥٢ . آب ، أيلول ـــــ

مفتاح الإجابات (٧)

١. لا . الحقل مجموعة كلمات والامتداد مجموعة موجودات .

٢. نعم

٣. نعم

٤. لا . إنها مسألةٌ جدلية قابلة للاختلاف حولها

٥. لا . العلاقات بينها سهلة الكشف .

٦. لا . الحقل موجودات أو مجردات أو أحداث أو صفات أو علاقات

٧. لا . إنها ضمن الحقل الواحد .

٨. نعم

٩. نعم

١٠. نعم

١١. نعم

١٢. لا . يمكن أن تكون الكلمات ذات العلاقة الأفقية في حقل واحد (مثل شمس تسطع) .

١٣. لا . أنها في علاقة أفقية وتنتمي إلى حقل واحد .

١٤. لا . شرق – غرب ، مثلاً ، في حقل واحد .

١٥. لا . طفل ، رجل ، امرأة ، وبنت في حقل واحد (على سبيل المثال) .

١٦. نعم

١٧. نعم

١٨. لا . كلمة (موز) تنتمـي إلى حقـل فرعـي (فاكهـة) وتنتمـي إلى حقـل رئيـس (نبات) .

١٩. لا . كل كلمة تنتمي إلى حقل ما .

٢٠. لا . من الممكن انتماؤها إلى حقول دلالية .

٢١. موجودات

٢٢. علاقات

٢٣. مجردات

٢٤. أحداث

٢٥. صفات

٢٦. أثاث

٢٧. قرطاسية

٢٨. وسائل نقل

٢٩. غازات

٣٠. خضار

٣١. مؤسسات تعليمية

٣٢. أقارب

٣٣. ألوان

٣٤. أمراض

٣٥. مطبوعات

٣٦. جهات

٣٧. أفراد الأسرة

٣٨. زهرة ، فواكه

٣٩. صديقة ، أقارب
٤٠. وسائل نقل ، بحيرة
٤١. فضائل ، كبير
٤٢. وحدات زمنية ، ملعب
٤٣. كلمات حركية ، تفكير
٤٤. ترادف
٤٥. تضاد امتدادي
٤٦. تضاد جزئي
٤٧. انضواء
٤٨. تضاد عكسي
٤٩. تضاد انتسابي
٥٠. تضاد عمودي
٥١. تضاد متدرج
٥٢. تضاد دائري .

الفصل الثامن

تحليل المعنى

لكل كلمة معنى . ما مكونات المعنى ؟ البعض يدعو هذه المكونات **عناصر المعنى** أو سماته أو ملامحه والبعض يـدعوها المكونـات الدلاليـة أو العناصر الدلاليـة أو السـمات الدلالية أو **الملامح الدلالية** . في هذا الكتاب اخترنا مصطلح **السـمات الدلالية** ليـدل عـلى عناصر المعنى .

الكلمة تتكون - كما ذكرنا في فصول سابقة - من شكل ومعنى وتوزيع . ولكل كلمة شكلان : شكل صوتي مسموع وشكل مرئي مقروء . **الشكل الصوتي** يتكون من أصوات (أو فونيمات) متتابعة أفقياً ، **والشكل المرئي** يتكون من حروف متتابعة أفقياً أيضاً .

ولكل كلمة توزيع . والتوزيع نوعان : توزيع نحوي توزيع أسلوبي . **التوزيع النحوي** يحدد كيفية استخدام الكلمة في الجملة : هل هي اسم أم صفة أم حرف ؟ هل تقع حيث تقع الأسماء أم الصفات أم الحروف ؟ وهل وظيفتها في الجملة من نـوع وظـائف الأسـماء على سبيل المثال ، فإنها يمكن أن تقوم بوظيفة المبتدأ أو الفاعل أو المفعول به أو المجرور من بين وظائف أخرى .

أما **التوزيع الأسلوبي** للكلمة فهو يحدد إن كانت تستخدم في النثر أو الشعر ، في الكلام أو الكتابة ، في الموقف الودي أو الموقف الرسمي ، في اللهجة الفصيحة أو اللهجة العامية .

ولكل كلمة **معنى** إضافة إلى شكلها وتوزيعها . والمعنى بالطبع يؤثر في التوزيع النحوي والأسلوبي ، بل إن المعنى هو العامل الحاسم في التوزيع النحوي ، حيث إن المعنى هو الذي يحدد الوظيفة النحوية من حيث كونها اسماً أو صفةً أو فعلاً أو حرفاً . المعنى يحدد الوظيفة النحوية ، هي التي تحدد التوزيع الأسلوبي للكلمة (مثلاً ، زوجته ، امرأته ، قرينته ، حرمه ، بعلته ، مرته ، حرمته) .

المعنى هو أدق جزء من أجزاء الكلمة . في العادة لا يقع خلاف حول نطق الكلمة (شكلها المسموع) ولا حول كتابتها (شكلها المكتوب) ، كما لا يقع خلاف حول توزيعها النحوي (اسم ، فعل ، صفة ، حرف) . المسألة الدقيقة هي معنى الكلمة . وأدق أمر يخص المعنى هو معنى المعنى ؟ هذه في المشكلة ، بل إن هذا هو صلب علم الدلالة أو علم المعنى : ما معنى المعنى ؟

معنى المعنى :

ما معنى "معنى" ؟ وما هي عناصر المعنى وما الذي يجعل س س ؟ مثلاً ، ما الذي يجعل الشجرة شجرة ؟ وما الذي يجعل التفاح تفاحة وما الذي يميزها عن البرتقالة ؟ ما مكونات المعنى أو عناصره ؟ ما السمات

الدلالية لكلمة ما ؟ هذه السمات هي التي تتجمع معا لتميز معنى عن معنى آخر ولتميز كلمة عن كلمة . هل يمن فرز هذه السمات ؟ هل يمكن تحديد كل كلمة في اللغة ؟ أتباع نظرية تحليل المعنى يجيبون بالإيجاب .

تحليل المشترك اللفظي :

لننظر فنرأى كيف تستطيع نظرية تحليل المعنى تحليل المشتركات اللفظية .

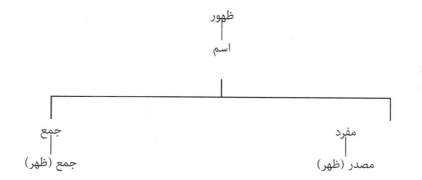

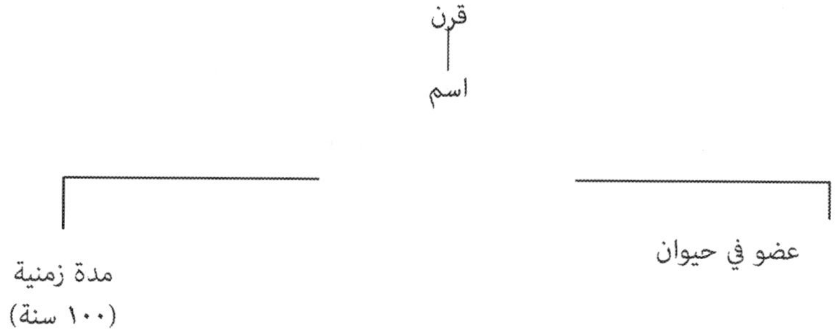

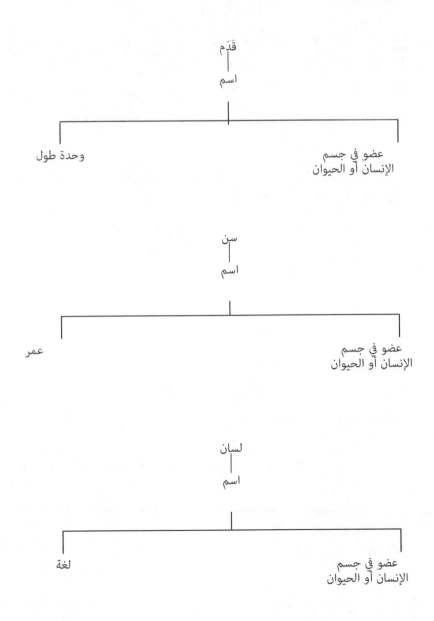

قَدَم

اسم

عضو في جسم الإنسان أو الحيوان

وحدة طول

سن

اسم

عضو في جسم الإنسان أو الحيوان

عمر

لسان

اسم

عضو في جسم الإنسان أو الحيوان

لغة

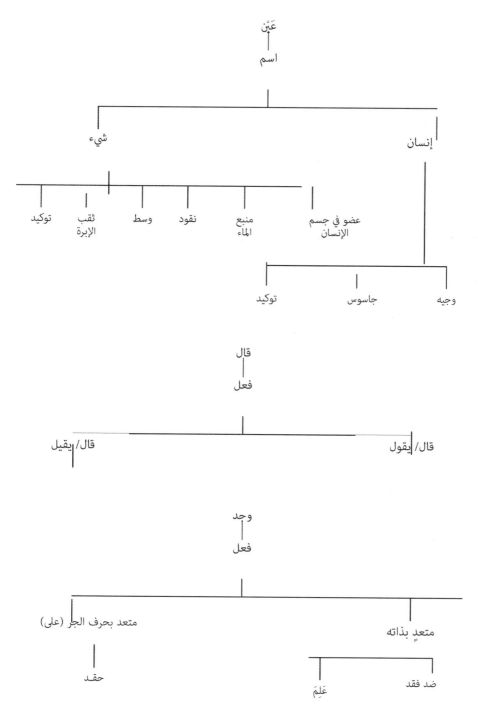

عَيْن

اسم

إنسان ← شيء

توكيد — ثقب الإبرة — وسط — نقود — منبع الماء — عضو في جسم الإنسان

وجيه — جاسوس — توكيد

قال

فعل

قال/يقيل — قال/يقول

وجد

فعل

متعدٍ بحرف الجر (على) — متعدٍ بذاته

حقـد — ضد فقد — عَلِمَ

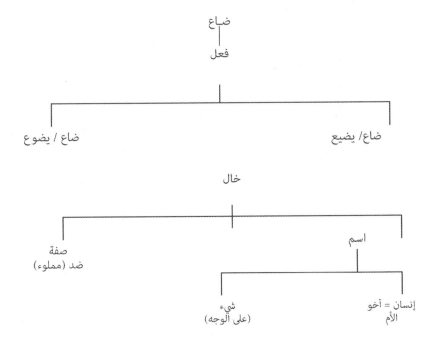

ضاع
فعل
ضاع/ يضيع
ضاع / يضوع

خال
اسم
صفة
ضد (مملوء)
إنسان = أخو
الأم
شيء
(على الوجه)

وهكذا ، نرى أن تحليل المشترك اللفظي (أو تحليل المعنى عموماً) يشتمل على الوظيفة النحوية أولاً (مثل اسم ، فعل) ، كما يشتمل على معلومات صرفية حيثما يلزم (مثل مفرد ، جمع) . ونرى أن عناصر المعنى من الممكن استخدامها لتحليل وتفسير المشتركات اللفظية .

السمات الدلالية :

تحليل معنى الكلمة يستدعي تحليله إلى سمات (أي عناصر ، أو مكوناته أو محدداته) . لنأخذ مثلاً كلمة (ولد) . ما سماتها الدلالية ؟ هل هي اسم ؟ نعم . هل هي حي ؟ نعم . هل هي إنسان ؟ نعم . هل هي إنسان ؟ نعم . هل هي ذكر؟ نعم . هل هو صغير السنّ ؟ نعم . إذاً ، (ولَدَ) هي + اسم ، + حي + إنسان ، ذكر ، + صغير السنّ .

لماذا اخترنا في حالة (ولد) السمات اسم ، حي ، إنسان ، ذكر ، صغير السن ؟ لماذا لم نختر سمات أخرى ؟ السبب هو أننا نختار السمات ذات العلاقة ، أي السمات المميِّزة . في حالة (ولد) ليس من المناسب أن نختار سمات مثل + صلب ، - سائل ، - غـاز ، + وزن ، + حجم . في كل حالة ولكل كلمة نختار **السمات المميزة** ، أي السمات ذات العلاقة .

وعلينا أن نلاحظ أن سمة ما قد تستلزم ما بعدها . مثلاً ، (ولد) سمتها + اسم . ولكن من الأسماء ما هو + حي (ولد ، بنت ، رجل ، حصا) ، ومها ما هـو - حي (أي ليس حياً) ، مثل كتاب ، باب ، سيارة . وبعد أن اخترنا سمة + حي ، لابد أن ننتقل إلى سمة (إنسا) ، لأن من الأحياء ما هو إنسان (ولد ، بنت ، رجل) ومنها ما هو غير إنسان (حصان ، بقرة ، أسد) . وبعد أن اخترنا سمة (+ إنسان) ، لابد أن ننتقل إلى سمة (ذكر) لأن الإنسان ذكر أو أنثى . وبعد أن اخترنا سمة (+ ذكر) ، لا بد من الانتقال إلى سمة (السنّ) ، لأن من الذكور من هو صغير السن ومنهم مـن هـو كبير السـن . إذاً ، السـمات يقود بعضها إلى بعض ، ولكل كلمة سماتها المميزة .

أنواع السمات الدلالية :

في بيان السمات الدلالية لكلمة ما ، هناك ثلاثة أنواع من هذه السمات :

١ . **السمة الموجبة** ويرمز لها بالإشارة (+) . مثلاً ، (+ ذكر) تعني أن هـذه الكلمة فيها سمة الذكور ، مثل ولد ، رجل ، شيخ . كلمة (ولد) هـي + اسم ، + حي ، + إنسان ، + ذكر + صغير السن . أي إن

كلمة (ولد) تتوفر فيها سمات الاسم والحي والإنسان والذكر وصغير السن أو سمات الاسمية والحياة والإنسية والذكورة وصِغَر السنّ .

٢ . **السمة السالبة** ويرمز لها بالإشارة (-) . مثلاً ، كلمة (بنت) هي - ذكر ، أي ليست ذكراً . كلمة (مشى) هي - اسم ، أي ليست اسماً . كلمة (باب) هي - حي ، أي ليست حياً . كلمة (حصان) هي (- إنسان) . كلمة (رجل) هي (- صغير السن) . الإشارة السالبة تعني غياب السمة .

٣ . **السمة المزدوجة** ويرمز لها بالإشارة (±) ، وتعني أن الكلمة تستعمل مع السمة الموجبة أو السمة السالبة . مثلاً ، (صبور) ± ذكر ، أي تستعمل مع المذكر والمؤنث فنقول رجل صبور وامرأة صبور . (حريح) ± ذكر ، أي جريح تستعمل مع المذكر والمؤنث أيضاً .

وليس شرطاً في الترميز للسمات الدلالة استخدام الإشارات + ، - ، ± ، بل يمكن استخدام رموز متنوعة حسب الحاجة إليها ، مثلاً ، ذ (ذكر) ، ث (أنثى) ، د (قرابة بالدم) ، ص (قرابة بالمصاهرة) ، ر (قرابة بالرضاعة) ، وغير ذلك من الرموز التي تستدعيها طبيعة التحليل .

السمات الدلالية والترادف :

هل يمكن استخدام السمات الدلالية في تفسير الترادف والمترادفات ؟ بالطبع ، نعم . إذا حللنا كلمة إلى سماتها الدلالية الرئيسة ، وحللنا كلمة مرادفة لها إلى سماتها ، نجد أن الكلمتين تتطابقان في سماتهما الدلالية . هذا

إذا كنا نعرف أنهما مترادفتان : الترادف يؤدي إلى تطابق السمات الدلالية لكل منهما . أما إذا كنا لا نعرف أنهما مترادفتان ، نحلل كلاً منهما إلى سماتهما الدلالية . فإذا تطابق التحليلان ، فإن هذا التطابق يثبت الترادف .

مثلاً ، الكلمتان معلِّم / مدرّس . دعنا نحلل كلاً منهما إلى سماتها الدلالية : + اسم ، + فاعلية (اسم فاعل) ، + تعدية (مشتق من فعل متعدٍ) ، + مذكر ، + حي ، + إنسان ، + يقوم بالتعليم . تطابق السمات الدلالية لكل من الكلمتين يثبت أنهما في علاقة ترادف .

كما أن مزيداً من التحليل إلى السمات يكشف إن كان الترادف كاملاً أم جزئياً . في حالة معلِّم/ مدرّس + معرفة ، + أخلاق ، + مهارة ، أي نقول عَلَّمه الحساب أو علّمه الأخلاق أو علمه السباحة . أما (مدرِّس) فهي + معرفة ، - أخلاق ، - مهارة ، أي نقول دَرَّسه الحساب ، ولا نقول درسه الأخلاق أو درسه السباحة . ؟ وهذا يدل على أن معلِّم / مدرِّس في حالة ترادف جزئي ، وليستا في حالة ترادف كامل .

إذاً ، بوساطة التحليل إلى السمات الدلالية ، يمكن إثبات الترادف أو عدم الترادف ، كما يمكن إثبات نوع الترادف ، هل هو كامل أم جزئي ؟

السمات الدلالية والتضاد :

كما كان ممكناً إثبات الترادف أو تفسيره من خلال السمات الدلالية ، كذلك يمكن إثبات التضاد أو تفسيره من خلال هذه السمات . لننظر إلى الأمثلة الآتية في الجدول المرفق (جدول ٣) .

الكلمة	حي	إنسان	ذكر	صغير السن
ولد	+	+	+	+
بنت	+	+	-	+
رجل	+	+	+	-
امرأة	+	+	-	-

نلاحظ في هذا الجدول ما يلي :

١ . السمات ذات العلاقة هنا هي أربعة : حي ، إنسان ، ذكر ، صغير السن

٢ . تَمَّ التعبير عن كل سمة بالإشارتين + أو - ، لوجود السمة أو غيابها على التوافي .

٣ . (ولد) فيها السمات الأربع موجبة .

٤ . (بنت) فيها ثلاث سمات موجبة وسمة سالبة .

٥ . (رجل) فيها ثلاث سمات موجبة وسمة سالبة .

٦ . (امرأة) فيها سمتان موجبتان وسمتان سالبتان .

٧ . الفرق بين (ولد) و (بنت) سمة واحدة (ذكر) ، فهي + ذكر للولد و – ذكر للبنت . إذاً ، هما في حالة تضاد حاد .

٨ . الفرق بين (ولد) و (رجل) سمة واحدة (صغير السـن) . إذاً ، هـما في حالـة تضاد أيضاً .

٩ . الفرق بين (بنت) و (امرأة) سمة واحدة (صغير السـن) . إذاً ، هـما في حالـة تضاد .

١٠ . الفرق بين (رجل) و (امرأة) سمة واحدة (ذكر) .

١١ . الفرق بين (بنت) و (رجل) سمتان : ذكر صغير السن أو الجنس والسنّ .

١٢ . الفرق بين (ولد) و (امرأة) سمتان ذكر وصغير السن .

١٣ . الكلمات الأربع تتماثل في + حي و + إنسان ، ولكنها تختلف في سـمة أو اثنتـين (ذكر وصغير السن) .

١٤ . الفرق بين ولد / بنت مثل الفرق بـين رجـل / امرأة . والسبب يعـود إلى أن الفارق في كل حالة هو سمة واحدة هـي سـمة ± ذكر . وهـذا يـدل علـى أن الفرق في السمات يحدد الفرق بين المعاني .

١٥ . الفرق بين ولد / رجل مثل الفرق بين بنت / امرأة لأن الفارق في كـل حالـة هـو سمة صغر السن (± صغير السن) .

١٦ . الفرق بين ولد / امرأة أكبر من الفرق بين ولد/ بنت لأن الفرق في الحالـة الأولـى سمتان (الجنس والسنّ) في حين أن الفرق في الحالة الثانية سـمة واحـدة هـي الجنس . وهذا يدل على أنه كلما زاد عدد السمات المختلفة بين كلمتين ، زاد الفرق بين معناهما .

١٧ . الفرق بين بنت / رجل أكبر من الفرق بين بنت / امرأة ، لأن الفرق في الحالة الأولى سمتان هما الجنس والسنّ ، بينما الفرق في الحالة الثانية سمة واحدة هي الجنس . هناك تناسب طردي بين عدد السمات المختلفة لكلمتين والفرق بين معناهما .

وهكذا ، نرى أن السمات الدلالية يمكن أن تفسر ـ لنا ظاهرة التضاد أيضاً ، إذا اختلفت السمات الدلالية الأساسية بين كلمتين أو أكثر تنتمي إلى حقل دلالي واحد ، فهذا يثبت أنها في علاقة تضاد .

السمات الدلالية الأساسية :

تتفاوت السمات الدلالية في درجة أهميتها . هناك سمات دلالية أساسية تقوم بمهمة تمييزية؛ ولذلك ، يدعوها البعض السمات الأساسية أو **السمات التمييزية** . وهناك **سمة ثانوية أو غر تمييزية** .

مثلاً ، لون التفاحة ليس سمة أساسية فيها ، إذ قد تكون حمراء أو ذهبية أو خضراء . و حجم التفاحة ليس سمة أساسية ، فقد تكون صغيرة أو متوسطة أو كبيرة ، ولكنها تبقى مع ذلك تفاحة . اللون والحجم بالنسبة للتفاحة سمتان ثانويتان .

مثال آخر سمات الرجل أو المرأة . لون العينين ليس سمة أساسية ، فليس لعيني الرجل لو يميزهما عن لون عيني المرأة ، على سبيل المثال . لون البشرة (أسمر ، أحمر ، أشقر ، أسود ، أبيض) ليس سمة أساسية للرجل أو المرأة أيضاً .

عندما نتحدث عن السمات الدلالية ، فإننا دون ريب نتحدث عن السمات الأساسية لأنها هي السمات التي تحقق التمييـز بيـن الكلمـات أو بيـن المـدلولات أو بيـن المعـاني . السمات الثانوية لا تقوم بدور تمييزي ، لذلك فيه **سمات غير وظيفية** وغير مهمة .

قوانين السمات الدلالية :

إن السمات الدلالية تمكننا من تكوين علاقات تناسبية بين الكلمات مثلاً ،

$$\frac{رجل}{امرأة} = \frac{ولد}{بنت} = \frac{+ ذكر}{- ذكر} \quad (معادلة) \text{.......}$$

(١)

وهذا يعني أن السمة المميزة أو السمة الفارقة بين رجل / امرأة هي + ذكر / - ذكر . وكذلك هو الحال فيما يتعلق بالسمة المميزة بين ولد / بنت .

وهذا مثال آخر :

$$\frac{ولد}{رجل} = \frac{بنت}{امرأة} = \frac{+ صغير السن}{- صغير السن} \quad (معادلة) \text{.....}$$

(٢)

وهذا يعني أن السمة المميزة بين ولد / رجل هي ذاتهـا السـمة المميزة بيـن بنـت / امرأة . وهي سمة ± صغير السن .

ويمكن تعديل معادلة (١) لتصبح هكذا :

$$\frac{امرأة}{رجل} = \frac{بنت}{ولد} = \frac{- ذكر}{+ ذكر} \quad \ldots\ldots (معادلة ٣)$$

كما يمكن تعديل معادلة (٢) لتصبح هكذا :

$$\frac{رجل}{ولد} = \frac{امرأة}{بنت} = \frac{- صغير السن}{+ صغير السن} \quad \ldots\ldots (معادلة ٤)$$

ومن الممكن التفكير في صياغة بعض القوانين المتعلقة بالسمات الدلالية :

١ . إذا تماثلت السمات الدلالية لكلمتين ، دل هذا التماثل على وجـود علاقـة ترادف بينهما . ويمكن أن ندعو هذا القانون **قانون الاستدلال على الترادف** . مثلاً ، تماثل سمات معلّم / مدرّس يؤدي إلى استنتاج الترادف بينهما .

٢ . إذا ترادف كلمتان ، فإن هذا يستدعي وجود تماثل في سماتهما الدلالية . ويمكن أن ندعو هذا القانون **قانون تماثل السمات** . مثلاً ، بما أن معلم / مدرّس مترادفتان ، فلابد أن تتماثل سماتهما الدلالية .

٣ . إذا اختلف كلمتان من حقل دلالي واحد في سمة دلالية أساسية واحـدة أو أكـثر ، كانتا في علاقة تضاد ، ويمكن أن ندعو هذا القانون **قانون الاستدلال على التضاد** . مثلاً ، اختلاف ولد / بنت في سمة $\pm$ ذكر يؤدي إلى استنتاج علاقة التضاد بينهما .

٤ . إذا تضادت كلمتان مـن حقـل دلالي واحـد ، فـلا بـد أن يختلفـا في سـمة دلاليـة واحـدة أو أكثر . ويمكن أن ندعو هذا القانون **قانون اختلاف السمات** . مثلاً ، بما أن ولـد / بنت في حالة تضاد ، فلا بد أن تختلفا في سمة واحدة على الأقل .

٥ . كلما زاد عدد السـمات الدلاليـة المختلفـة بـين كلمتـين ، زاد الاخـتلاف بينهمـا في المعنى . أي هناك تناسب طردي بين عدد السمات المختلفة بين كلمتين والاخـتلاف بينهمـا في المعنى . ويمكن أن ندعو هذا القانون **قانون العلاقة بـين فـرق السـمات وفـرق المعنى** . مثلاً ، ولد / امرأة تختلفان في سمتي الجنس والسن ، ولكن ولد / بنت تختلفان في سمة الجنس فقط . إذاً ، الاختلاف بين ولد / امرأة في المعنى أكبر من الاختلاف بين ولد / بنت .

تمارين (٨)

أ . حدد إذا كانت كل جملة مما يلي صواباً (نعم) أو خطأ (لا) :

١ . لكل كلمة شكل ومعنى توزيع .	نعم	لا
٢ . الكلمة لها شكل مسموع وشكل منطوق .	نعم	لا
٣ . الشكل المكتوب للكلمة هو شكلها المرئي .	نعم	لا
٤ . الشكل المنطوق للكلمة يتكون من أصواب والشكل المكتوب يتكون كذلك من أصواب	نعم	لا
٥ . توزيع الكلمة نوعان : نحوي وأسلوبي	نعم	لا

٦ . التوزيع النحوي للكلمة يحدد وظيفتها في الجملة . نعم لا

٧ . التوزيع الأسلوبي للكلمة يحدد الموقف الذي تستخدم فيه . نعم لا

٨ . التوزيع النحوي للكلمة يختلف عن معناها ولا علاقة له به . نعم لا

٩ . أن تكون الكلمة اسماً مثلاً جزء من توزيعها الأسلوبي . نعم لا

١٠ . أن تستخدم الكلمة في الشعر وليس في النثر هو توزيعها الأسلوبي .

نعم لا

١١ . أكثر ما يحيّر الباحث شكل الكلمة وليس معناها أو توزيعها .

نعم لا

١٢ . الكلمات ولد ، بنت ، طفل ، ورجل تشترك في سمة (+ إنسان) .

نعم لا

ب . بين سمة دلالية واحد مشتركة بين هذه الكلمات (مثلاً + إنسان) :

١٣ . حصان ، فرس ، كبش ، أسد . ______

١٤ . كرسي ، باب ، نافذة ، طريق . ______

١٥ . طبيب ، مهندس ، محامي ، معلّم . ______

١٦ . ممرضة ، امرأة ، بنت ، طفلة . ______

١٧ . أخ ، أخت ، عم ، خال . ______

جـ . اذكر السمة الدلالية الفارقة أو المميزة بين هذه الأزواج من الكلمات (مثلاً + ذكر ، - ذكر) :

١٨ . طبيب ، طبيبة ______

١٩ . حصان ، فرس ______

٢٠ . ثور ، بقرة ______

٢١ . ولد ، رجل ______

٢٢ . عمة ، خالة ______

٢٣ . عم ، خال ______

٢٤ . خال ، خالة ______

٢٥ . أخ ، أخت ______

٢٦ . ابن ، ابنة ______

٢٧ . صبية ، عجوز ______

٢٨ . جدّ ، جدة ______

٢٩ . أب ، جَدّ ______

٣٠ . أب ، ابن ______

٣١ . ابن ، حفيد ______

٣٢ . حفيد ، حفيدة ______

د . املأ الفراغ بكلمة مناسبة تجعل العلاقة التناسبية بين الكلمات الأربع علاقة سليمة .

٣٣ . ابن / ابنة = حفيد / ؟ ______

٣٤ . ابنة / ابن = أخت / ؟ ______

٣٥ . عم / عمة = خال / ؟ ______

٣٦ . عم   أعمة

___ = ___   ___

خال   ؟

هـ . عد إلى السؤال السابق (د) وبين نوع العلاقة بين البسط والمقام في كل حالة :

٣٧ . عن ٣٣ .   ______ : ______

٣٨ . عن ٣٤ .   ______ : ______

٣٩ . عن ٣٥ .   ______ : ______

٤٠ . عن ٣٦ .   ______ : ______

مفتاح الإجابات (٨)

١. نعم

٢. لا . لها شكل مسموع وشكل مكتوب .

٣. نعم

٤. لا . الشكل المكتوب يتكون من حروف .

٥. نعم

٦. نعم

٧. نعم

٨. لا . يختلف التوزيع النحوي عن المعنى ولكنه وثيق الصلة به .

٩. لا . هذا جزء من توزيعها النحوي .

١٠. نعم

١١. لا . لا يحير هو المعنى وليس الشكل

١٢. نعم

١٣. + حيوان أو – إنسان

١٤. – حي

١٥. + مهنة ، + ذكر ، + إنسان

١٦. – ذكر

١٧. + قرابة

١٨. + ذكر ، – ذكر

١٩. + ذكر ، – ذكر

٢٠. + ذكر ، – ذكر

٢١. + صغير السن ، – صغير السن

٢٢. + جهة الأب ، – جهة الأب

٢٣. + جهة الأب ، – جهة الأب

٢٤. + ذكر ، – ذكر

٢٥. + ذكر ، – ذكر

٢٦. + ذكر ، – ذكر

٢٧. + صغير السن ، – صغير السن

٢٨. + ذكر ، – ذكر

٢٩. + سابق ١ ، + سابق ٢ (أي سابق بجيل واحد وسابق بجيلين)

٣٠. + سابق ١ ، + سابق لاحق واحد (أي سابق بجيل واحد ولاحق بجيل واحد)

٣١. + لاحق ١ ، لاحق ٢ (أي لاحق بجيل واحد ولاحق بجيلين) .

٣٢. + ذكر ، – ذكر

٣٣. حفيدة

٣٤. أخ

٣٥. خالة

٣٦. خالة

٣٧. + ذكر : - ذكر

٣٨. - ذكر : + ذكر

٣٩. + ذكر : - ذكر

٤٠. + جهة الأب : - جهة الأب

الفصل التاسع

المعنى والمنطق

علم الدلالة (أي علم المعنى) يبحث في معنى الكلمة ومعنى الجملة وعلم المنطق يبحث في المبادئ أو قوانين التفكير . قوانين التفكير تعتمد على المعاني ومعاني المعاني لأنه لا تفكير دون معانٍ . إذاً ، العلاقة وثيقة جداً بين علم الدلالة وعلم المنطق حيث إن العلاقة وثيقة جداً بين المعنى والتفكير . والتفكير ، بطبيعة الحال ، يعتمد على جمل ، وليس على الكلمات . العلاقة بين التفكير والجملة علاقة مباشرة ، ولكن العلاقة بين التفكير والكلمة علاقة غير مباشرة : التفكير يعتمد على الجمل والجمل تعتمد على الكلمات . العلاقة بين التكفير والجمل علاقة من الدرجة الأولى ، ولكن العلاقة بين التفكير والكلمات علاقة من الدرجة الثانية .

في هذا الفصل ، سندقق في معنى الجملة ، أو على الأصح معنى بعض الجمل ، لنرى علاقة المعنى بالتفكير . مثل هذا النهج يستدعي تحليل معنى الجملة .

الكلمات المنطقية :

هناك في كل لغة كلمات لا تصلح أن تكون تعابير دالة ولا تصلح

أن تكون أخباراً . الكلمات (إبراهيم ، عدنان ، باريس ، لندن ، والولد) تصلح أن تكون تعابير دالة لأنها تشير إلى موجودات خارج اللغة . والكلمات (طالب ، ولد ، مجتهد) تصلح أن تكون تعابير إخبارية نخبر بها عن التعابير الدالة ، مثلاً إبراهيم ولد مجتهد .

ولكن كلمات مثل (و ، أو ، لم ، بعض ، كل ، جميع) لا تصلح أن تكون تعابير دالة ولا تعابير إخبارية . مثل هذه الكلمات تدعى **تعابير رابطة** وتدعى أيضاً **كلمات منطقية** .

الصياغة المنطقية :

إذا أردنا التركيز على معنى الجملة فقد يكون مفيداً أن نحذف منها كل ما لا يؤثر تأثيراً أساسياً في المعن . مثلاً ، (الولد ذهب إلى المدرسة) نحولها إلى (ولد ذهب مدرسة) . في علم المنطق ، ولد ومدرسة هنا من التعابير الدالة وذهب تعبير إخباري (أو خبر) . هذه لغة منطقية ، وليست لغة نحوية . تحذف من الجملة (إلى) لأنها مفهومه حتى لو حذفت . ونستخدم الإشارة ⟸ (السهم المزدوج) لتحويل الجملة العادية إلى جملة منطقية .

أمثلة أخرى لتحويل الجملة العادية إلى جملة منطقية :

١ . سعيد غادر العاصمة ⟸ سعيد غادر العاصمة

٢ . محمد عَرّف سميراً إلى عدنان ⟸ محمد عَرّف سمير عدنان

٣ . إبراهيم كان معلماً ⟸ إبراهيم معلماً

٤ . سعيد رغب عن سلمى ⟸ سعيد رغب عن سلمى

٥ . إبراهيم كان فخوراً بعدنان ⟸   إبراهيم فخور عدنان

يلاحظ في عملة الترميز ما يلي :

١ . تحـذف ال التعريـف (جملـة ١) لأنهـا لا تـؤثر في صـدق الجملـة أو بطلانهـا .
وتحذف كذلك كل الكلمات المماثلة .

٢ . يحذف حرف الجر (جملة ٢) إذا كان لا يساهم في صدق الجملة أو بطلانها .
ولكن يبقى حرف الجر إذا كان يؤثر في المعنى تأثيراً أساسياً (جملـة ٤) : (رغـب عـن)
تختلف عن (رغب في) .

٣ . بلغة النحو ، نحذف الكلمات الوظيفية مـن الجملـة ونبقـي كلمـات المحتـوى في
أغلب الأحيان .

٤ . في كل جملة بسيطة نبقي التعابير الدالة وخـبراً واحداً فقط ونحـذف البـاقي
لنحصل على الجملة المنطقية المحول من الجملة العادية . ويستثنى مـن ذلك الجملـة
التعادلية . وأفضل التعابير الدالة هي أسماء العلم . ولذلك سوف تظهر الجمـل المنطقيـة
محتوية علماً واحداً أو أكثر وخبراً واحداً فقط .

فإذا خلت الجملة البسيطة مـن الخبر ، كانت في الغالب جملة تعادليـة تحتـوي علـى
تعبيرين دالين متعادلين . مثال ذلك : **رئيس الدولة هو جون** . ويمكن أن تكون : **جون هو
رئيس الدولة** . في هذه الجملة لا يوجد خـبر بـالمعنى الـدلالي ، والجملة تحتـوي علـى
تعبيرين دالين هما : جون ورئيس الدولة ، وكلاهما يشير إلى المدلول ذاته . ويمكن التعبير
عن هذه العلاقة بإشارة = . هكذا : جون = رئيس الدولة أو رئيس الدولة = جون .

إذاً ، الصياغة المنطقية لجملة بسيطة – لغرض الحصر والتبسيط – تحتوي على خبر واحد فقط وتحتوي على اسم علم واحد أو أكثر ولا يمكنها أن تحتوي على غير الأخبار والأعلام .

واو العطف :

انظر إلى هذه الجمل :

١.   عدنان جاء .

٢.   زيد جاء .

٣.   زياد جاء .

من الممكن دمج الجمل الثلاث السابقة في جملة واحدة :

٤ . عدنان وزيد وزياد جاءوا .

ومن الملاحظ أن صدق الجملة (٤) أو بطلانها يعتمد على صدق الجمل (١-٣) أو بطلانها . أي إن كانت الجمل (١-٣) كلها صادقة ، فإن الجملة (٤) صادقة بالضرورة . وإن كانت الجمل (١-٣) باطلة (أي غير مطابقة للواقع) ، فإن الجملة (٤) تكون باطلة بالضرورة أيضاً . ويشترط لصدق الجملة (٤) أن يتوفر صدق جميع الجمل (١-٣) دون استثناء ، إذ لا يكفي أن تكون واحدة منها فقط صادقة لتحقيق صدق الجملة (٤) . إن بطلان أية جملة من الجمل (١ – ٣) سيؤدي إلى بطلان الجملة (٤) .

لننظر إلى هذه الجملة :

٥ . نجح خالد وماجد في الامتحان .

هذه الجملة تدل على أن خالداً قد نجح وأن ماجداً قد نجح أيضاً . أي أن الخبر (الدلالي) ينطبق على المدلولين خالد وماجد ؛ ذلك بفعل تأثير واو العطف .

من الملاحظ أيضاً - في الجملة (٥) - أنه إذا صدق (نجح خالد وماجد) ، فإنه من الصادق أيضاً (نجح ماجد وخالد) . وإذا رمزنا بواو العطف بالرمز & ، فمن الممكن التعبير عن تبادل العطف بالقانون التالي :

إذا كان س & ص صادقاً ، فإن ص & س صادقاً أيضاً .

ويمكن التعبير عن قانون تبادل العطف بالصيغة الآتية :

س & ص	(مقدمة)
∴ ص & س	(نتيجة)

والصيغة السابقة تعني أنه إذا كانت لدينا المقدمة المنطقية س & ص ، فإن النتيجة المنطقية هي ص & س . إذا صدقت س & ص ، فإن ص & س صادقة أيضاً . إذا جاء زيد وزياد ، فإن النتيجة هي أنه جاء زياد وزيد . وندعو هذا القانون قانون تبادل العطف .

الاستدلال من واو العطف :

انظر إلى هذه الجمل :

١ . نجح خالد .

٢ . نجح زيد .

٣ . سافر سمير وسامي .

الجملتان (١، ٢) يمكن أن تصبح جملة واحدة هي :

٤ . نجح خالد وزيد .

وهذا يعني أنه إذا صدقت س وصدقت ص ، فإن س & ص صادقة . بعبارة أخرى

س   (مقدمة أولى)

ص   (مقدمة ثانية)

_____

∴ س & ص (نتيجة) ....   (أ)

ويمكن أن ندعو القانون (أ) **قانون صدق العطف** . ويحتاج هـذا القانون إلى مقدمتين صادقتين لنحصل على نتيجة واحدة صادقة . مثلاً ، إبراهيم في أمريكا ، هاشم في أمريكا . إذا إبراهيم وهاشم في أمريكا .

وإذا نظرنا إلى الجملة (٣) التي تحتوي على واو العطف ، فإن هـذا التركيب يمكن أن يقودنا إلى قانونين للاستدلال من الواو . حسب الجملة (٣) ، إذا سافر سمير وسامي ، فإن سميراً سافر . بصيغة أخرى (الرمز ∴ تعني إذاً) :

س & ص   (مقدمة)

_____

(ب) ....   ∴ س

(نتيجة)

ويمكن أن ندعو القانون (ب) **قانون صدق المعطوف عليه** .

نعود إلى الجملة (٣) : سافر سمير وسامي . إذا صدقت س (سافر سمير) ، وصدقت ص (سافر سامي) ، فإن ص صادقة . بالرموز يكون الأمر هكذا :

س & ص (مقدمة)

_______ .... (جـ)

∴ ص (نتيجة)

ويمكن أن ندعو هذا القانون (جـ) **قانون صدق المعطوف .**

وهكذا فإن تراكيب العطف بالواو تعطينا أربعة قوانين للاستدلال هي :

١ . **قانون تبادل العطف :**

س & ص (مقدمة)

____

∴ ص & ص (نتيجة)

٢ . **قانون صدق العطف :**

ص (مقدمة أولى)

س (مقدمة ثانية)

____

∴ س & ص (نتيجة)

٣ . قانون صدق المعطوف عليه :

س & ص (مقدمة)

____

∴ س (نتيجة)

٤ . **قانون صدق المعطوف :**

س & ص (مقدمة)

____

∴ ص (نتيجة)

ويجب أن نلاحظ أن القوانين الأربعة السابقة تتناول حالة خاصة من العطف . وهي خاصة من ناحيتين : أولاً ، أنها قاصرة على العطف بالواو فقط ، وثانياً ، أنها قاصرة على معطوف واحد فقط . ولكن هذه القوانين

تصدق أيضاً في حالة تعدد المعطوف ، مثلاً ، سافر سمير وسامي وعدنان وزياد .

وهناك أمر آخر جدير بالملاحظة . إن العطف بالفاء (وصل فجلس فأكل فشرب) أو العطف بالحرف (ثم) تنطبق عليها قوانين العطف بالواو باستثناء قانون تبادل العطف لأن الفاء وثم تقتضيان التركيب وبذا فالتبادل في حالتيهما لا يصح .

احتمالات العطف بالواو :

ما هي الاحتمالات المختلفة لصدق العطف بالواو أو بطلانه ؟ هناك أربعة احتمالات :

أ . أن تكون س و ص صادقتين .

ب . أن تكون س صادقة وص باطلة .

جـ . أن تكون س باطلة وص صادقة .

د . أن تكون س باطلة وص باطلة .

مثال : ١ . وصل سمير (هذه س)

٢ . سافر زياد (هذه ص)

٣ . وصل سمير وسافر زياد (س & ص)

عندما نعطف ص على س نحصل على س & ص ، أي إذا عطفنا الجملة (١) على الجملة (٢) نحصل على الجملة (٣) . ما هي احتمالات صدق الجملة (٣) المكونة من عطف الجملتين (١ ، ٢) ؟ هناك أربعة احتمالات موازية أيضاً :

أ . إذا كانت س ، ص صادقتين ، فإن س & ص صادقة .

س	صادقة	(مقدمة أولى)
ص	صادقة	(مقدمة ثانية)

∴ س & ص   صادقة   (نتيجة)

ب . إذا كانت س صادقة وص باطلة ، فإن س & ص باطلة .

س	صادقة	(مقدمة أولى)
ص	باطلة	(مقدمة ثانية)

∴ س & ص   باطلة   (نتيجة)

جـ . إذا كانت س باطلة وص صادقة ، فإن س & ص باطلة

س	باطلة	(مقدمة أولى)
ص	صادقة	(مقدمة ثانية)

∴ س & ص   باطلة   (نتيجة)

د . إذا كانت س ، ص باطلتين ، فإن س & ص باطلة

س	باطلة	(مقدمة أولى)
ص	باطلة	(مقدمة ثانية)

∴ س & ص   باطلة   (نتيجة)

لاحظ أن (صادق) تعني (مطابق للواقع) ، وأن (باطل) تعني (مخالف للواقع)
أو غير صادق .

ويمكن تلخيص ذلك بالجدول التالي (جدول ٤) الذي يمكن أن ندعوه **جدول احتمالات العطف بالواو :**

جدول (٤) : احتمالات العطف بالواو

الاحتمال	مقدمة أولى	مقدمة ثانية	النتيجة
	س	ص	س & ص
١	صادقة	صادقة	صادقة
٢	صادقة	باطلة	باطلة
٣	باطلة	صادقة	باطلة
٤	باطلة	باطلة	باطلة

التخيير :

إن حرف التخيير بالعربية هو (أو) ، ويوجد حرف شبيه به في كل اللغات . وسنرمز للتخيير بالرمز V ، ويدل شكله المتشعب على وجود طريقين أو خيارين . ويفضل استخدام الرمز V بدلاً من كلمة محددة بلغة معينة ، لأن المنطق مرتبط بالفكر والفكر غير معتمد على لغة معينة . المنطق هو قوانين الفكر أو التفكير ، وهي قوانين عالمية لا تخص لغة بعينها ، بل تنطبق على اللغات جميعاً . فالتخيير هو التخيير سواء أكانت أداته أو أو or أو أية كلمة أخرى في أية لغة أخرى .

لننظر إلى هاتين الجملتين :

١ . زياد أو خالد كان هنا .

٢ . خالد أو زياد كان هنا .

في حالة التخيير ، إذا صدقت س ∨ ص ، فإن ص ∨ س صادقة . أي بعبارة بسيطة ، يجوز تبادل المواقف بين س ، ص إذا فصل بينهما حرف التخيير .

س ∨ ص (مقدمة)

∴ ص ∨ س (نتيجة)

ويمكن أن ندعو هذا القانون **قانون تبادل التخيير** ، وهو يشبه قانون تبادل العطف الذي تحدثنا عنه سابقاً .

ويختلف العطف بالواو عن التخيير من حيث قوانين الصدق . فإن صدق س & ص يعني صدق س على حده وصدق ص على حده . ولكن صدق س ∨ ص لا يعني صدق س ، كما لا يعني صدق ص . مثلاً ، وصل زياد أو سافر إبراهيم لا تعني بالضرورة وصول زياد كما لا تعني بالضرورة سفر إبراهيم .

ولا بد من التذكير أن وجود العطف بالواو مع (أو) في جملة واحدة قد يقود إلى غموض المعنى . مثلاً ، إبراهيم سافر إلى أثنيا وقابل موسى أو زار عيسى . هذه الجملة قد تعني :

أ . إبراهيم سافر إلى أثينا وإما أنه قابل موسى وإما أنه زار عيسى . هنا السفر أكيد ، والخيار بين المقابلة والزيارة .

ب . إما أن إبراهيم سافر إلى أثينا وقابل موسى وإما أنه زار عيسى .

هنا الخيار بين السفر والمقابلة من جانب والزيارة من جانب آخر .

لاحظ أن استخدام(إما . . .وإما . . .) يزيل الغموض الناشئ من(أو) ويحافظ على معنى الخيار في آن واحد .

احتمالات التخيير :

إن التخيير يضع أمامنا الاحتمالات الآتية :

١ . س صادقة ، ص صادقة .

٢ . س صادقة ، ص باطلة .

٣ . س باطلة ، ص صادقة .

٤ . س باطلة ، ص باطلة .

مثلا ، إبراهيم قابل موسى أو ودّع عيسى .

متى تكون الجملة السابقة صادقة ؟ ومتى تكون باطلة ؟ هناك أيضاً أربع نتائج للاحتمالات الأربعة :

أ . إذا كانت صدقت س ، ص فإن س $\vee$ ص صادقة .

س	صادقة	(مقدمة ١)
ص	صادقة	(مقدمة ٢)
∴ س $\vee$ ص	صادقة	(نتيجة)

ب . إذا كانت صدقت س وبطلت ، فإن س V ص باطلة .

س	صادقة	(مقدمة ١)
ص	باطلة	(مقدمة ٢)
∴ س V ص	باطلة	(نتيجة)

جـ . إذا بطلت س و صدقت ص ، فإن س V ص صادقة

س	باطلة	(مقدمة ١)
ص	صادقة	(مقدمة ٢)
∴ س V ص	صادقة	(نتيجة)

د . إذا بطلت س وبطلت ص ، فإن س V ص باطلة

س	باطلة	(مقدمة ١)
ص	باطلة	(مقدمة ٢)
∴ س V ص	باطلة	(نتيجة)

وهكذا نرى أن صدق س V ص يتحقق في إحدى الحالات الثلاث الآتية : صدق س و ص معاً ، أو صدق س فقط ، أو صدق ص فقط . وبطلان س V ص يتحقق إذا بطل كل من س ، ص معاً . ويتبين لنا أن احتمالات صدق س V ص أوسع من احتمالات صدق س & ص : ثلاثة احتمالات واحتمال واحد للثاني .

ويمكن أن نختصر احتمالات التخيير في جدول (٥) الآتي (جدول احتمالات التخيير)

جدول (٥) : احتمالات التخيير

الرقم	مقدمة ١	مقدمة ٢	النتيجة
	س	ص	س V ص
١	صادقة	صادقة	صادقة
٢	صادقة	باطلة	صادقة
٣	باطلة	صادقة	صادقة
٤	باطلة	باطلة	باطلة

الاستدراك :

إن أداة الاستدراك في اللغة العربية هي (لكن) ، ويوجد مكافئ لها في جميع اللغات ، مثل but في اللغة الإنجليزية . لننظر إلى هذه الجملة : وصل زايد ولكن موسى غادر .

متى يتحقق صدق هذه الجملة ؟ ومتى يتحقق بطلانها ؟ بالطبع ، صدق الجمل المركبة (أي الجملة المكونة من جملتين) يعتمد على صدق الجمل الداخلة في التركيب . لدينا الاحتمالات الآتية :

١ . صدق الوصول وصدق المغادرة . إذاً ، تصدق الجملة المركبة هنا . دعنا نستخدم الرمز (ل) للاستدراك .

س	صادقة	(مقدمة ١)
ص	صادقة	(مقدمة ٢)

∴ س ل ص صادقة (نتيجة)

٢ . صدق الوصول وبطلان المغادرة . هنا الجملة المركبة تبطل .

س صادقة (مقدمة ١)

ص باطلة (مقدمة ٢)

∴ س ل ص باطلة (نتيجة)

٣ . بطلان الوصول وصدق المغادرة . هنا الجملة المركبة تبطل .

س باطلة (مقدمة ١)

ص صادقة (مقدمة ٢)

∴ س ل ص باطلة (نتيجة)

٤ . بطلان الوصول وبطلان المغادرة ، هنا الجملة المركبة تبطل .

س باطلة (مقدمة ١)

ص باطلة (مقدمة ٢)

∴ س ل ص باطلة (نتيجة)

إذا تذكرنا احتمالات العطف بالواو نجدها مطابقة للعطف بالحرف (لكن) ، مع اختلاف المعنى بينهما بالطبع . ولكن من ناحية منطقية ، تتشابه & مع ل من حيث احتمالات الصدق والبطلان .

ويكن التعبير عن الاحتمالات الأربعة لحالة الاستدراك بالجدول الآتي (جدول احتمالات الاستدراك) :

جدول (٦) : احتمالات الاستدراك

الر قم	مقدمة ١	مقدمة ٢	النتيجة
	س	ص	س ل ص
١	صادقة	صادقة	صادقة
٢	صادقة	باطلة	باطلة
٣	باطلة	صادقة	باطلة
٤	باطلة	باطلة	باطلة

لاحظ أن علاقات العطف والتخيير والاستدراك تشترك في أنها تعطي تركيباً مركباً من عنصرين على الأقل (س ، ص) . ويجب أن نلاحظ أيضاً أن صدق الجملة المركبة أو الفكرة المركبة يعتمد على صدق مكوناتها . هناك علاقة وطيدة بين صدق الكل وصدق مكوناته ، كما تدل على ذلك جداول الاحتمالات لكل من الواو و أو ولكن ، أي حالات العطف والتخيير والاستدراك على التوالي .

النفي :

النفي في اللغة العربية يعبر عنه بأدوات عديدة مثل لم ، لا ، ما ، ليس؛ بعضها تدخل على الفعل وبعضها على الاسم وبعضها عليهما معاً . ومن الممكن اعتبار أداة النفي من الكلمات المنطقية ، مثل أدوات العطف والتخيير والاستدراك .

ويعبر عن النفي في علم المنطق بالرمز ~ . وسوف نستخدمه لنفي الجملة. مثال :

١ . سافر طارق أمس .

٢ . ~ سافر طارق أمس .

٣ . سافر طارق ووصل عدنان .

٤ . ~(سافر طارق) & ~ (وصل عدنان) .

إذا دققنا النظر في الجمل الأربع السابقة ، نجد أن الجملة (١) مثبتة والجملة (٢)
نفي لها . ونجد أن الجملة (٣) مثبتة والجملة (٤) نفي لها . وباستعمال الرموز يكون
لدينا ما يلي :

٥ . س

٦ . ~ س

٧ . س & ص

٨ . (~ س) & (~ ص)

فتكون الجملة (٦) نفياً للجملة (٥) ، وتكون الجملة (٨) نفياً للجملة (٧) .

والسؤال الهام هنا هو : ما العلاقة بين س و ~ س من حيث الصدق والبطلان ؟ أي ما
العلاقة بين الجملة المثبتة والجملة المنفية المحوّلة منها ؟ إذا كانت س صادقة ، فإن
منفيتها (~ س) تكون باطلة . وإذا كانت س باطلة ، فإن منفيتها (~ س) تكون
صادقة بالطبع . وإذا كانت س صادقة ، فإن نفي منفيتها تكون باطلة بالمثل .

باستخدام الرموز ، نحصل على العلاقات الأربع الآتية : بين الجملة المثبتة (س)
ومنفيتها (~ س) :

١ . س صادقة (مقدمة ١)

~ ∴ س باطلة (نتيجة)

٢ . س باطلة (مقدمة ١)

~ ∴ س صادقة (نتيجة)

٣ . س صادقة (مقدمة ١)

~ ∴ س صادقة

(نتيجة)

٤ . س باطلة (مقدمة ١)

~ ~ س باطلة (نتيجة)

وهكذا نرى ما يلي :

١ . إذا كانت س صادقة ، فإن منفيتها باطلة .

٢ . إذا كانت س باطلة ، فإن منفيتها صادقة .

٣ . إذا كانت س صادقة ، فإن نفي منفيتها يجعلها صادقة .

٤ . وإذا كانت س باطلة ، فإن نفي منفيتها يجعلها باطلة .

وهذا يذكرنا بمقولة معروفة : لا يمكن أن تكون الجملة ومناقضتها صادقتين في آن واحد . فلا يمكن ، مثلاً ، أن تكون الجملة (عنان هنا الآن) صادقة وفي الوقت ذاته تكون الجملة (عدنان ليس هنا الآن) صادقة أيضاً . إن صدقت إحداهما ، بطلت الأخرى . كما أن نفي الجملة الصادقة يعطي جملة باطلة ، ونفي الجملة الباطلة يعطي جملة صادقة .

وهناك مقولة أخرى نعرفها في علم النحو : نفي النفي إثبات . إذا نفينا جملة صادقة ، كانت النتيجة جملة باطلة . ثم إذا نفينا الجملة الباطلة الخيرة ، تعـود النتيجـة لتصبح جملة صادقة . مثلاً ، (عدنان سافر) جملة صادقة . نفيناها فصارت (عدنان لم يسـافر) فتكون جملة باطلة . ثم نفينا الجملة الأخيرة فصارت (ليس صحيحاً أن عدنان لم يسافر) . فيعني هذا ضمناً أن الصدق هو (عدنان سافر) . إذا نفينا الصدق ، صارت الجملـة الجديدة باطلة؛ وإذا نفينا الصدق ، صارت الجمـل الجديدة باطلـة ؛ وإذا نفينا الباطلـة الأخيرة ، عادت لتكون صادقة .

الشرط :

الشرط يعبر عنه في اللغة باستخدام أحد أدوات الشرط مثل إذا ، إن ، ويوجد في سائر اللغات أدوات تدل على الشرط ،مثلما توجد أدوات تدل على العطف والتخيير والاستدراك والنفي . وهنا سوف نستخدم الرمز ⟵ ليدل على الشرط .

انظر إلى الجمل الآتية :

١ . إذا حضر زياد ⟵ سيسافر خالد .

٢ . زياد يحضر ⟵ خالد يسافر .

٣ . إن ينجح محمود يكمل دراسته أو يتوظف .

٥ . إما أن ينجح محمود فيكمل دراسته وإما أن يتوظف .

٦ . سيسافر خالد إذا حضر زياد .

نلاحظ في الجمل السابقة ما يلي :

١ . الجملة (٢) تعبير منطقي عن الجملن (١) ، حيث الرمز ← يدل على العلاقة الشرطية بين الشرط على يمين السهم وجواب الشرط علي يسار السهم .

٢ . إذا اجتمع الشرط والتخيير في جملة واحدة (٣) فقد يحدث غموض في المعنى : هل التخيير بين ما بعد (أو) والجملة الشرطية كلها أم التخيير بين ما بعد (أو) وجواب الشرط فقط ؟ وللتخلص من الغموض ، نستعمل إما وإمّا (٤ ، ٥) . هاتان الجملتان تحلان الغموض في الجملة (٣) .

٣ . في التركيب الشرطي ، يجوز أن تبدأ الجملة بالشرط (١) أو أن تبدأ بجواب الشرط (٦) . ولكن في التعبير المنطقي ، الشرط دائماً يسبق الجواب (٢) . فالجملة (٢) هي تعبير منطقي عن الجملة (١) و الجملة (٦) على حد سواء .

ومن حيث الاستدلال عن العلاقة بين الشرط وجوابه نلاحظ ما يلي .

١ . إذا كانت س الشرط و ص الجواب وتحققت س ، فإن ص تتحقق . إذا تحقق الشرط تحقق الجواب .

س ← ص	(مقدمة ١)
س	(مقدمة ٢)
∴ ص	(نتيجة)

٢ . إذا كانت س الشرط و ص الجواب ، ولم تتحقق ص ، فهـذا يـدل عـلى أن س لم تتحقق : نفي ص يدل على نفي س ، وعدم تحقق الجواب يستدل منه عـلى عـدم تحقق الشرط .

س ← ص	(مقدمة ١)	
~ ص	(مقدمة ٢)	

∴ س   (نتيجة)

تمارين (٩)

أ . ما هو الرمز المستخدم ليدل على كل مما يلي ؟

١ . العطف بالواو   ————

٢ . التخيير   ————

٣ . النفي   ————

٤ . الاستدراك   ————

٥ . العلاقة الشرطية   ————

٦ . التحويل   ————

ب . حَوِّل الجمل الآتيـة مـن الصياغة اللغويـة العاديـة إلى صياغة منطقيـة مـع استخدام الرموز حيثما أمكن :

٧ . سمير سوف يسافر إلى كندا   ————

٨ . سمير وسالم طالبان مجتهدان   ————

٩ . سمير أو سالم طبيب . _____

١٠ . لم يحضر سمير . _____

١١ . إن يدرس سمير ينجح . _____

جـ . ما اسم القانون في كل حالة مما يلي ؟

١٢ . إذا كانت أ & ب فيجوز ب & أ . _____

١٣ . إذا صدقت أ وصدقت ب فتصدق أ & ب . _____

١٤ . إذا صدقت أ & ب ، فتصدق أ . _____

١٥ . إذا صدقت أ & ب ، فتصدق ب . _____

د . إذا تكونت الجملة المركبة المعطوفة بالواو من جملتين (أ + ب) ، فما هي احتمالات صدق الجمل (أ & ب) في الحالات الآتية ؟

أ & ب	ب	أ	
	صادقة	صادقة	١٦
	باطلة	باطلة	١٧
	باطلة	صادقة	١٨
	صادقة	باطلة	١٩

هـ . ما المعاني المحتملة الآتية :

٢٠ . تخصص في الفيزياء وعمل في باريس أو عاد إلى بلده .

أ . _____

ب . _____

و . أعد صياغة الجملة السابقة مرتين بحيث يزول الغموض :

٢١. أ . ———————————

ب . ———————————

ز . سافر إلى الصين (أ) أو سافر إلى اليابان (ب) . مـا احتمـالات صـدق الجملـة السابقة في الحالات الآتية ؟

أ ٧ ب	ب	أ	
	صادقة	صادقة	٢٢
	باطلة	باطلة	٢٣
	باطلة	صادقة	٢٤
	صادقة	باطلة	٢٥

ح . بين إن كانت ا لجمل الآتية صواباً (نعم) أو خطأ (لا) :

٢٦ . احتمالات صدق جملة العطف أضيق من احتمالات صدق

جملة التخيير .   نعم   لا

٢٧ . جدول احتمالات العطف يطابق جدول احتمالات الاستدراك .   نعم   لا

٢٨ . صدق جملة العطف يتطلب صدق كل مكوناتها .   نعم   لا

٢٩ . إذا بطل أحد مكونات جملة العطف ، بطلت الجملة .   نعم   لا

٣٠ . صدق جملة التخيير يتطلب صدق مكوناتها كلها .   نعم   لا

٣١ . صدق جملة التخيير يتطلب صدق أحد مكوناتها فقط .   نعم   لا

٣٢. بطلان واحد من مكونات جملة التخيير يؤدي إلى بطلانها .   نعم   لا

٣٣. تبطل جملة التخيير فقط إذا بطلت كل مكوناتها .   نعم   لا

٣٤. جملة الاستدراك تصدق إذا صدقت كل مكوناتها .   نعم   لا

٣٥. شرط صدق جملة الاستدراك يماثل شرط صدق جملة العطف.   نعم   لا

٣٦. جدول احتمالات العطف يماثل جدول احتمالات التخيير .   نعم   لا

٣٧. تبطل جملة الاستدراك إذا بطلت كل مكوناتها .   نعم   لا

٣٨. تبطل جملة الاستدراك فقط إذا بطلت كل مكوناتها .   نعم   لا

٣٩. قوانين الاستدلال من (واو) ا لعطب تماثل قوانين الاستدلال

من (لكن) .   نعم   لا

٤١. إذا بطل أحد مكونات جملة الاستدراك تبطل الجملة .   نعم   لا

٤٢. تصدق جملة الاستدراك فقط إذا صدقت كل مكوناتها .   نعم   لا

٤٣. نفي الجملة الصادقة يعطي جملة باطلة .   نعم   لا

٤٤. نفي الجملة الباطلة يعطي جملة باطلة .   نعم   لا

٤٥. إذا نفينا جملة صادقة مرتين نحصل على جملن صادقة .   نعم   لا

٤٦. إذا نفينا جملة باطلة مرتين ، نحصل على جملة صادقة .   نعم   لا

٤٧. إذا كانت أ شرط ب وتحققت أ ، فإن ب تتحق .   نعم   لا

٤٨.إذا كانت أ شرط ب وتحققت ب ، فإنه ليس بالضرورة تحقق أ.   نعم   لا

مفتاح الإجابات (٩)

١. &
٢. $\vee$
٣. ~
٤. ل
٥. $\leftarrow$
٦. $\Leftarrow$
٧. سمير يسافر كندا .
٨. سمير طالب & سالم طالب .
٩. سمير طبيب $\vee$ سالم طبيب .
١٠. ~ (سمير يحضر)
١١. سمير يدرس $\leftarrow$ سمير ينجح .
١٢. قانون تبادل العطف .
١٣. قانون صدق العطف .
١٤. قانون صدق المعطوف عليه .
١٥. قانون صدق المعطوف .
١٦. صادقة
١٧. باطلة
١٨. باطلة
١٩. باطلة

٢٠. أ . الخيار بين التخصص والعمل من ناحية والعودة من ناحية ثانية .

ب . الخيار بين العمل والعودة

٢١. أ . إما أنه تخصص في الفيزياء وعمل في باريس وإما أنه عاد إلى بلده .

ب . تخصص في الفيزياء ، وإما أنه عمل في باريس وإما أنه عاد إلى بلده.

٢٢. صادقة

٢٣. باطلة

٢٤. صادقة

٢٥. صادقة

٢٦. نعم

٢٧. نعم

٢٨. نعم

٢٩. نعم

٣٠. لا . صدق أحد المكونات كافٍ لصدق الجملة .

٣١. نعم

٣٢. لا . بطلان كل المكونات هو وحده الذي يؤدي إلى بطلان الجملة .

٣٣. نعم

٣٤. نعم

٣٥. نعم

٣٦. لا . احتمالات العطف تماثل احتمالات الاستدراك .

٣٧. نعم

٣٨. نعم

٣٩. لا . (الواو) تشبه (لكن)

٤٠. نعم

٤١. نعم

٤٢. نعم

٤٣. نعم

٤٤. لا . ن في الجملة الباطلة يعطي جملة صادقة .

٤٥. نعم

٤٦. لا . نحصل على جملة باطلة .

٤٧. نعم

٤٨. لا . إذا كان الشرط دقيقاً فلا بد (منطقياً) من تحقق أ .

ملحق (١)

الرموز

=   يرادف (علاقة تراف)

≡   يناظر (علاقة يناظر)

↔   يضاد (علاقة تضاد)

⊂   ينضوي تحت (علاقة انضواء)

←   يستلزم (علاقة استلزام) أو علاقة شرط .

&   عطف بالواو

V   تخيير (أو)

~   نفي

ل   استدراك (لكن)

⇐   يتحول إلى

+   سمة دلالية موجبة

−   سمة دلالية سالبة

±   سمة دلالية مزدوجة

∴   إذاً

*   غير صحيح نحوياً

ملحق (٢)

مسرد المصطلحات

عربي – إنجليزي

Parts of speech	أقسام الكلام
Entailment	استلزام
Homonymy	اشتراك لفظي
Extension	امتداد
Hyponymy	انضواء
Analysis of sense	تحليل المعنى
Synonymy	ترادف
Antonymy	تضاد
Extensional antonymy	تضاد امتدادي
Affinity antonymy	تضاد انتسابي
Bilateral antonymy	تضاد ثنائي
Binary antonymy	تضاد حاد
Cyclic antonymy	تضاد دائري
Rank antonyymy	تضاد رتبي
Conversances	تضاد عكسي
Vertical antonymy	تضاد عمودي
graded antonymy	تضاد متدرج

Multiple antonymy	تضاد متعدد
Referring expression	تعبير دال
Definiteness	تعريف
Deictic definition	تعريف إشاري
Hyponymous definition	تعريف انضوائي
Synonymous definition	تعريف ترادفي
Rank definition	تعريف ترتيبي
Antonymous definition	تعريف تضادي
Descriptive definition	تعريف وصفي
Functional definition	تعريف وظيفي
Paraphrase	تناظر
Contradictoriness	تناقض
Non-definiteness	تنكير
Sentence	جملة
Equative sentence	جملة تعادلية
Generic sentence	جملة عامة
Contradiction	جملة متناقضة
Semantic field	حقل دلالي
Predicator	خبر
Predicate	خبر محتمل

Predicate degree	درجة الخبر
Reference	دلالة
Basic features	سمات أساسية
Semantic features	سمات دلالية
Context	سياق
Universe of discourse	عالم المحادثة
Semantics	علم الدلالة
Referential ambiguity	غموض الدلالة
Ambiguity of meaning	غموض المعنى
Lexical ambiguity	غموض مفرداتي
Syntactic ambiguity	غموض نحوي
Proposition	فكرة
Utterance	قول
Logical words	كلمات منطقية
Deictic words	كلمة إشارية
Synonym	كلمة مرادفة
Antonym	كلمة مضادة
External factors	مؤثرات خارجية
Triangle of meaning	مثلث المعنى

Referent	مدلول عليه
Synonymous	مرادف
Homonym	مشترك لفظي
Antonymous	مضاد
Meaning, sense	معنى
Basic meaning	معنى أساسي
Stylistic meaning	معنى أسلوبي
Secondary meaning	معنى إضافي
Analytical meaning	معنى تحليلي
Synthetic meaning	معنى تركيبي
Literal meaning	معنى حرفي
Phonetic meaning	معنى صوتي
Grammatical meaning	معنى قواعدي
Figurative meaning	معنى مجازي
Lexical meaning	معنى مفرداتي
Relative meaning	معنى نسبي
Psychological meaning	معنى نفسي
Logic	منطق
Stereotype	نمط
Prototype	نموذج
Semantic units	وحدات المعنى

كشاف الموضوعات

مراجع للقراءة الإضافية

Alston, W . P . philosophy of Language . Englewood Cliffs,

   N . J . : Prentice – Hall, ١٩٦٤ .

Bach, E . & Harms, R . T . (eds) Universals in Linguistic

   Theory . New York : Holt Rinehart, ١٩٦٨ .

Bendix, E . M . Componential Analysis of General

   Vocabulary . The Hague : Mouton, ١٩٦٦ .

Berlin, B . & Kay, P . Basic Color Terms : Their Universality

   And Evolution . Berkeley : University of California

   Press, ١٩٦٩ .

Black, M . Models and Metaphors : Studies in Language

   And Philosophy . Ithaca, N . Y . : Cornell University

   Press, ١٩٦٥ .

Brooke – Rose, C . A . Grammar of metaphor . London :

   Secker & Warburg, ١٩٥٨ .

Carnap, R . Introduction to Semantics, Cambridge, M A :

   Harvard University Press, ١٩٤٢ .

_____ . Meaning and Necessity, Chicago IL, University of Chicago

   Press : ١٩٥٦ .

Clark, H. H. & Clark, E. V. Psychology and language : An Introduction to Psycho-linguistics . New York : Harcourt Brace Jovanovich, ١٩٧٧.

Cole, P. & Morgan, J.L. eds.) Syntax and Semantics, Vol. ٣ New York : A cademic Press, ١٩٧٥.

Cole, P. & Sadock, J. M. (eds.) Syntax and Semantics, Vol. ٨ New York : Academic Press, ١٩٧٧.

Davidson, D. & Harman, G. (eds.) Semantics of Natural Language. Dordrecht : Rerdel, ١٩٧٢.

Fodor, J. A. Psychosemantics. Cambridge, MA : MIT Press, ١٩٨٧.

Geach, P. Reference and Generality. Ithaca, NY : Cornell University Press, ١٩٦٢.

Gruber, J. S. Lexical Structures in Syntax and Semantics. Amsterdam : North Holland, ١٩٧٦.

Kemposon, R. Semantic Theory . Cambridge : Cambridge University Press, ١٩٧٧.

Kimball, J. (ed.) Syntax and Semantics, Vol. ٤. New York and London : Academic Press, ١٩٧٥.

Leech, G. N. Principles Of pragmatics. London : Longman, ١٩٨٣.

Leech, G. N. Semantics, ٢ⁿᵈ editon . Harmondsworth: Penguin Book, ١٩٨١.

Levin, S. R. The Semantics of Metaphor. Baltimore and London : The Johns Hopkins University Press, ١٩٧٧.

Levision, S. Pragmatics. Cambridge: Cambridge Unvisity Press, ١٩٨٣.

Loar, B. Mind and Meaning . Combridge : Cambrige University Press, ١٩٨١.

Lyons, J. Language, Meaning and Context. London: Fontana, ١٩٨١.

---------- . Semantics (٢ volumes) . Cambridge : Cambridge University Press, ١٩٧٧.

---------- . Structural Semantics. Oxford: Blackwell, ١٩٦٣.

Mooij, J. A. A Study of Metaphor. Amsterdam : North Holland, ١٩٧٦.

Nida, E. Componential Analysis of Meaning. The Hague: Mouton, ١٩٩٥.

Ogden, C. K. Opposition . Bloomington, Ind : Indian University Press, ١٩٦٨.

Palmer, F . R . Semantics, ٢ nd edition ... Cambridge :

   Cambridge University Press, ١٩٨٢ .

_____ . Semantics : A New Introduction . Cambridge :

   University Press, ١٩٩٦ .

Pulman , S . G . Word Meaning and Belief . London : Croom

   Helm, ١٩٨٣ .

Putnam , H . Realism and Reason . Cambridge :

   University Press, ١٩٨٢ .

Quine, W . V . Methods of Logic . Cambridge, MA : Harvard

   University Press, ١٩٨٢ .

_____ . Roots of Reference . LaSalle : Open Court, ١٩٧٣ .

_____ . Theories and Things . Cambridge MA : Harvard

   University Press, ١٩٩٦ .

_____ . Word and Object . New York : Wiley, ١٩٦٠ .

Russell, B . Human Knowledge, its Scope and its Limits .

   New York : Simon & Schuster, ١٩٧٨ .

Ryle, G . The Concept of Mind . New York : Barnes &

   Noble, ١٩٦٩ .

Tarki, A . Introduction to logic . New York : Oxford

   University Press, ١٩٦٥

Tarski, A . Logic, Semantics . Met mathematics . Oxford :

    Clarendon, ١٩٥٦ .

Vendler . Z . Linguistics of Philosophy . Ithaca, N . Y . :

    Cornell University Pres, ١٩٦٧ .

كتب المؤلف

1. A Dictionary of Islamic Terms : English – Arabic & Arabic-English .

2. Simplified English Grammar .

3. A Dictionary of Education : English – Arabic

4. A Dictionary of Theoretical Linguistics : English – Arabic

5. A Dictionary of Applied Linguistics : English – Arabic

6. Teaching English to Arab Students .

7. A Workbook of English Teaching Practice .

8. Programmed TEFL Methodology .

9. The Teacher of English .

10. Improve you English .

11. A workbook for English .

12. Advance Your English .

13. An Introduction to Linguistics

14. Comparative Linguistics : English and Arabic

15. A Contrastive Transformational Grammar : English – Arabic .

16. The Light of Islam .

17. The Need for Islam .

18. Traditions of Prophet Muhammad / B1

19. Traditions of Prophet Muhammad / B2

20. The Truth about Jesus Christ .

21. Islam and Christianity .

22. Questions and Answers about Islam

٢٣. Learn Arabic by Yourself .

٢٤. The Blessing of Islam

٢٥. Why have they chosen Islam?

٢٦. The Crisis of Western Civilization

٢٧. A Comparison between the Four Gospels

٢٨. Methods of Teaching English at the Elementary Stage .

٢٩. Methods of Teaching English .

٣٠. Teaching English as a Foreign Language .

٣١. Islamic faith .

٣٢. Human Rights in Islam .

٣٣. Penal Codes in Islam .

٣٤. The Pillars of Islam .

٣٥. Morality in Islam

٣٦. The Woman in Islam .

٣٧. دليل الطالب في التربية العملية

٣٨. الأصوات اللغوية

٣٩. تعليم اللغة

٤٠. الحياة مع لغتين

٤١. تعلم الإملاء بنفسك .

٤٢. المهارات الدراسية

٤٣. أساليب تدريس اللغة العربية

٤٤. دراسات لغوية

٤٥. معجم علم الأصوات (عربي - عربي)

٤٦. التراكيب الشائعة في اللغة العربية

٤٧. قواعد تحويلية للغة العربية

٤٨. مدخل إلى علم اللغة
٤٩. كيف تكتب بحثاً
٥٠. الاختبارات التحصيلية
٥١. حقيقة عيسى المسيح
٥٢. مقارنة بين الأناجيل الأربعة
٥٣. البريق الزائف للحضارة الغربية
٥٤. التحريف في التوراة
٥٥. اليهود من كتابهم
٥٦. الإسلام والنصرانية : دراسة مقارنة
٥٧. الاختبارات اللغوية

Printed in the United States
By Bookmasters